U0897187

加权概念格理论与应用

张素兰　著

科学出版社
北京

内 容 简 介

加权概念格是一种拓展概念格结构，具有数据约简和知识提取针对性强等特点。本书结合作者十几年来在该领域的研究成果，对加权概念格的理论和应用进行了较为系统和深入的阐述。

全书共分 6 章。第 1 章简要叙述了数据挖掘和概念格的相关理论；第 2～4 章重点介绍了加权概念格的理论，主要涉及加权概念格的定义、权值获取和构造方法，以及加权概念格的代数结构等；第 5～6 章主要探讨了加权概念格在图像语义自动标注和天体光谱数据挖掘中的应用。

本书可供从事软件工程、数据挖掘、机器学习、人工智能、图像理解和天文学等相关专业的科研人员阅读参考，也可作为高等院校计算机、自动化、电子工程等专业的高年级本科生与研究生的学习参考书。

图书在版编目 (CIP) 数据

加权概念格理论与应用/张素兰著. —北京：科学出版社，2014
ISBN 978-7-03-040520-3

Ⅰ. ①加… Ⅱ. ①张… Ⅲ. ①加权叠加语言－研究
Ⅳ. ①TP301.2

中国版本图书馆 CIP 数据核字 (2014) 第 087704 号

责任编辑：张 濮 刘志巧 / 责任校对：胡小洁
责任印制：徐晓晨 / 封面设计：迷底书装

科学出版社出版
北京东黄城根北街 16 号
邮政编码：100717
http://www.sciencep.com

北京凌奇印刷有限责任公司印刷
科学出版社发行 各地新华书店经销

*

2013 年 12 月第 一 版 开本：720×1 000 1/16
2019 年 1 月第二次印刷 印张：8
字数：151 000

定价：48.00 元

(如有印装质量问题，我社负责调换)

前　言

概念格又称为 Galois 格，因其生动简洁地体现了概念之间的泛化和特化关系，具有典型的层次结构，同时又因其本质上体现了数据集上的实体和属性、概念上的内涵和外延的关系，从而成为一种有效的数据挖掘和知识表示工具，并已成功地应用于数字图书馆、文献检索、软件工程、本体、数据挖掘与知识发现等领域。因此，自 R. Wille 教授于 1982 年提出概念格以来，概念格的理论研究已经吸引了大量的国内外研究者。同时，它的研究对机器学习、数据挖掘、信息检索等领域实际问题的设计与实现具有指导意义。加权概念格是一种拓展的概念格结构，具有数据约简和知识提取针对性强等特点。本书主要对概念格模型的拓展结构——加权概念格的理论及其在图像语义自动标注和天体光谱数据挖掘中的应用进行较为系统的介绍。

本书首先对加权概念格的相关理论进行重点描述，然后探讨该理论在图像语义自动标注和天体光谱数据挖掘中的应用。全书共分为 6 章，第 1 章简要介绍数据挖掘和概念格的基本概念。第 2～4 章重点叙述了加权概念格的理论，主要包括加权概念格的定义、权值获取方法、加权概念格的代数结构及其知识提取的完备性，以及加权概念格的构造方法等。第 5～6 章讨论了加权概念格理论在图像语义自动标注和天体光谱数据挖掘中的应用。各章内容相对独立，章节之间又彼此紧密联系在一起，从基本理论介绍入手，再到具体的模型及方法，最后以实际的应用作为结束。

本书旨在进一步推动概念格的拓展模型理论研究，并为其在图像语义自动标注和天体光谱数据挖掘中的应用研究提供一种有效途径。本书的出版能够增进学者之间的交流，促进拓展概念格的理论及其应用研究的进一步发展。

本书的完成得到了太原科技大学计算机学院数据挖掘与智能信息系统实验室团队成员的大力支持，尤其是张继福教授提出了很好的建议，硕士研究生王欣欣和褚萌等做了大量的辅助性工作。另外，北京理工大学郭平教授对本书给予了重要的指导。在此，一并表示最诚挚的谢意！

本书所涉及的部分研究工作得到了国家自然科学基金项目(61373099)和太原科技大学博士启动基金项目(20132005)的资助，在此谨向国家自然科学基金委员会和太原科技大学表示衷心的感谢。

由于本人水平有限，时间紧迫，书中不妥之处在所难免，恳请读者批评指正。

作　者

2013 年 11 月

目　　录

第 1 章　绪　　论

科技的进步，特别是信息产业和互联网技术的发展，把我们带入了一个全新的大数据信息时代。随着计算机应用的普及和数据库技术的不断发展，数据库管理系统的应用越来越广泛。最近十几年中，数据库中存储的数据量急剧增大，大量信息给人们带来方便的同时，也带来了一系列问题。例如，信息量过大，超过了人们掌握、消化的能力；一些信息真伪难辨，给信息的正确运用带来困难；网络上的信息安全难以保障；信息组织形式的不一致性增加了对信息进行有效统一处理的难度等。人们意识到隐藏在这些数据之后的更深层次、更重要的信息能够描述数据的整体特征，可以预测发展趋势，这些信息在决策形成的过程中具有重要的参考价值[1]。

可见，激增的数据背后隐藏着许多重要的信息和知识，人们希望能够对其进行更高层次的分析，以便更好地利用这些数据，因此，数据和知识之间的鸿沟带来了对强有力的数据分析工具的需求，如何从这些浩如烟海的数据中挖掘出有用知识的需求激起了数据库中的知识发现(knowledge discovery in databases，KDD)，或者说数据挖掘(data mining，DM)的理论与技术研究的蓬勃发展。

1.1　数据挖掘

1.1.1　数据挖掘的基本概念

数据挖掘又称为数据发掘或数据采掘，也称为知识提取(knowledge extraction)、数据考古学(data archaeology)、数据捕捞(data dredging)。它是一种从大量的、不完全的、有噪声的、模糊的、随机的数据中，提取隐含在其中的、人们事先不知道的、潜在的有用信息和知识的过程，是一种为决策支持服务的过程。更广义的定义是：数据挖掘是指从存放在数据库、数据仓库或其他信息库中的大量数据中提取人们感兴趣的、隐含的、尚未被发现的、有用信息和知识的过程[2]。

数据挖掘不同于传统数据分析及联机分析处理。传统数据分析是采用基于验证的方法，通过分析少量数据，了解已经发生了什么。联机分析处理是从不同角度、不同层次汇总、合并、聚集大量数据，以便多纬度多粒度观察、分析数据。而数据挖掘是采用基于发现的方法，通过分析大量数据，了解已经发生了什么，分析发生的原因并预测未来将会发生什么[3-4]。

许多人认为数据挖掘与知识发现同义，而另外一些人只是把数据挖掘视为知识发现过程的一个步骤。第一种观点在产业界、媒体和数据库研究界比较流行，而第二种观点却是从更广义的角度提出的。

1. 数据挖掘的过程

数据挖掘过程的一般步骤如图 1.1 所示[5-6]。

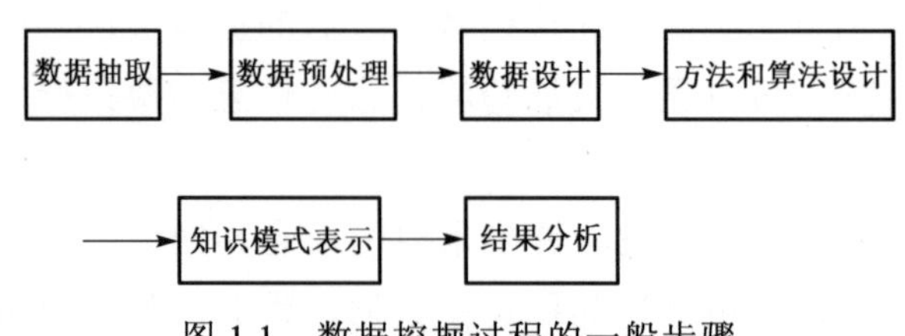

图 1.1　数据挖掘过程的一般步骤

1) 数据抽取

大多数时候，与数据挖掘任务有关的数据是存储在应用数据库中的，而这些数据库往往是以应用为目的建立的，通常不能直接运行数据挖掘算法，需要进行必要的抽取和格式的整理工作。

2) 数据预处理

数据预处理主要处理掉一些噪声数据(冗余的、不一致的)或添补一些丢失的数据，以便使被挖掘的数据保持完整和干净。

3) 数据设计

数据设计的任务是对数据进行选择，该过程主要是去掉一些无关的属性，或者对数据量过大的数据库进行抽样等。

4) 方法和算法设计

方法和算法设计主要是针对特定的数据挖掘任务，设计数据挖掘方法模型与高效的算法和相应的数据结构。

5) 知识模式表示

知识模式表示主要从数据库或数据仓库中获取特定的知识类型，如分类、关联规则、聚类和序列模式等。

6) 结果分析

结果分析由领域专家(domain expert)分析结果的可靠性、合理性和可用性，但是，有时需要对结果进行可视化处理。

从图 1.1 中可以看出，数据挖掘的核心步骤是数据挖掘方法和算法的设计，一个好的数据挖掘模型、一个好的算法(速度快、伸缩性好、结果容易使用且符合用户的特定需求)是影响数据挖掘效率的最重要的因素。

2. 数据挖掘系统的分类

由于数据挖掘是一个多学科交叉领域，所以根据数据挖掘的不同的研究期望会产生各种不同类型的数据挖掘系统。根据不同的标准，大致可以进行以下分类[2]。

(1) 按挖掘对象的不同可分为：关系数据库、面向对象数据库、空间数据库、时态数据库、文本数据库、多媒体数据库、异构数据库、遗产数据库、Web 数据库等。

(2) 按挖掘任务的不同可分为：分类、预测、时间序列分析、聚类分析、关联分析预测、偏差分析和数据挖掘可视化等。

(3) 按挖掘方法的不同可分为：机器学习、统计方法、神经网络法、粗糙集方法和云模型等。

(4) 按应用领域的不同可分为：零售业、银行、邮电、保险、医疗保健、运输业、行政司法、生物信息处理等。

(5) 按挖掘知识的不同可分为：

广义型知识——事物共同性质的知识；

特征型知识——反映事物各方面特征；

差异性知识——事物之间属性的差别；

关联性知识——事物之间的依赖关系；

预测型知识——由过去和现在预测未来；

偏离型知识——揭示事物偏离常规的异常现象。

3. 数据挖掘的对象

数据挖掘的对象原则上可以是各种存储方式的信息。目前的信息存储方式主要包括关系数据库、数据仓库、事务数据库、高级数据库系统、文件数据库和Web数据库。其中，高级数据库系统包括面向对象数据库、关系对象数据库，以及面向应用的数据库[1]。

1) 关系数据库

关系数据库由表组成，每个表有一个唯一的表名。属性(列或域)集合组成表结构，表中数据按行存放，每一行称为一个记录。记录间通过键值加以区别。关系表中的一些属性域描述了表间的联系。关系数据库是目前最流行、最常见的数据库之一，为数据挖掘研究工作提供了丰富的数据源。

2) 数据仓库

数据仓库可以把来自不同数据源的信息以同一模式保存在同一个物理地点，其构成需要经历数据清洗、数据格式转换、数据集成、数据载入和阶段性更新等过程。尽管数据仓库中集成了很多数据分析工具，但仍需要数据挖掘等更深层次的、自动的数据分析工具。

3) 事务数据库

一个事务数据库由文件构成，每条记录代表一个事务。典型的事务包含唯一的事务标识，多个项目组成一个事务。事务数据库可以用额外附加的关联表记录其他信息，而更深层次的数据分析只能利用数据挖掘思想来解决。

4) 面向对象数据库

面向对象数据库是基于面向对象程序设计的范例，其每一个实体作为一个对象。与对象相关的程序和数据封装在一个单元中，通常用一组变量描述对象，等价于实体关系模型和关系模型中的属性。对象通过消息与其他对象或数据库系统进行通信。

5) 关系对象数据库

关系对象数据库的构成基于关系对象模型。关系对象数据库在工业和其他应用领域使用得越来越普遍。与关系数据库上的数据挖掘相比，关系对象数据库上的数据挖掘更强调操作复杂的对象结构和复杂数据类型。

6) 面向应用的数据库

面向应用的数据库包括空间数据库、时态数据库、时间序列数据库、文本数据库、多媒体数据库等。空间数据库包含空间关系信息，如地理数据库、医学图像数据库和卫星图像数据库等；时态数据库和时间序列数据库均存储与时间有关的信息，时间序列数据库存储随时间顺序变化的数据；文本数据库是包含用文字描述的对象的数据库，这里的文字不是通常所说的简单的关键字，可能是长句子或图形；多媒体数据库中存储图像、音频、视频等数据。

7) 文件数据库

文件数据库又称为嵌入式数据库，是将整个数据库的数据信息保存在一个索引文件中，以便于数据库的发布。由于数据保存在单一文件中，所以数据库的部署和发布都比较简单，适用于内嵌在应用程序中，但是这类数据库的容量不能过大。

8) Web 数据库

Web 数据库也称为网络数据库。对于一个 Web 数据库，用户将浏览器作为输入接口，输入所需要的数据，然后浏览器将这些数据传递给网站，网站再将这些数据进行处理。因此，Web 数据库是 Web 技术与数据库技术相结合的产物，是存放和管理可以在互联网上访问的大量信息的数据库系统。

1.1.2 数据挖掘的任务

数据挖掘的任务是从海量数据中发现隐含的、有意义的知识。它的主要任务就是从实例集合中找出容易理解的规则和关系。这些规则可以用于预测未来趋势、评价顾客、评估风险或简单地描述和解释给定的数据[7]。通常数据挖掘的任务包括以下几个部分：分类、关联分析、聚类、预测、孤立点分析、时间序列分析和数据挖掘可视化等。

1. 分类

分类(classification)就是构造一个分类函数(分类模型)，把具有某些特征的数据项映射到某个给定的类别上。该过程由两步构成：模型创建和模型使用。模型创建通常是指通过对训练数据集的学习来建立分类模型；模型使用是指使用分类模型对测试数据和新的数据进行分类。其中，训练数据集是带有类标号的，也就是说，在分类之前，要划分的类别是已经确定的，分类模型通常是以分类规则、决策树或数学表达式的形式给出的。最常用的数据分类方法有判定树(decision tree)、贝叶斯分类(Bayesian)、神经网络(neural network)、k最近邻分类、基于案例的推理(case-based reasoning，CBR)、概念格方法、粗糙集方法和模糊集方法。对于分类来说，主要是提高分类的准确率与效率。

2. 关联分析

关联分析(association analysis)是寻找数据集中项与项之间的相互联系，发掘与描述蕴涵在关联规则中的有用知识的过程，即用量化的形式语言描述其内在规律的知识模式，具有很强的信息处理能力。它可以找出隐藏在数据背后的关联信息，这对现实生活中的商业决策具有重要意义。

关联规则模式由 Agrawal、Imielinski、Swami 于 1993 年提出[8]，它是描述在一个事务(项目)中物品(交易)同时出现的规律的知识模式，即通过量化的数字描述物品甲的出现对物品乙的出现的影响程度。关联规则模式的提取通常可以分为两步：找出满足用户的最小支持阈值的频繁模式集；提取出满足用户的最小置信阈值的关联规则。从大量商务事务记录中发现有趣的相关联系有利于许多商务决策的制定，如市场规划、广告规划、分类设计、交叉购物和贱卖分析等。又如，在现今中国贷款购买住房和汽车的顾客中，发现 70%的年龄为 35～45 岁，那么银行就可以通过分析这些客户的特点从而调整一些相应的政策，以便将贷款发放给这类客户群体。自从 Agrawal 等提出从大型数据库中挖掘关联规则以来，关联规则的挖掘已广泛地应用在电子通信行业、信用卡公司、股票交易所、银行和超市等。目前，国内外研究者从多种角度、多种渠道研究基于各种数据模型上的关联规则的提取。

3. 聚类

聚类(clustering)就是将数据项分组成多个类或簇，类之间的数据差别应尽可能大，类内的数据差别应尽可能小，即“最小化类间的相似性，最大化类内的相似性”原则，与分类模式不同的是，聚类中要划分的类别是未知的，它是一种不依赖于预先定义的类和带类标号的训练数据集的非监督学习，不需要背景知识，其中类的数量由系统按照某种性能指标自动确定。聚类分析是数据挖掘应用极其广泛的功能。

聚类分析是一种根据对象属性标识对象集的类(组、簇)的过程，对象按某种聚类准则聚类后，对象组内的相异性最小，组间的相异性最大。例如，在保险业上，聚类能够帮助保险公司分析客户群体特征及其消费行为特征规律，进一步指导其对潜在客户的关注程度或者开展针对性的市场调研和新产品开发活动。

4. 预测

预测(prediction)就是通过分析历史数据，找出规律，建立模型，并使用该模型对未来数据的种类和特征进行分析，推导出其中可能存在的变化趋势，最终抽象出形式化的数据模型，进而由此模型对未知数据的种类及特征进行预测。预测是构造和使用模型评估未标号的样本类，或评估给定的样本可能具有的属性值或数据值区间。常见的预测方法主要包括线性回归、多元回归和非线性回归等。通常采用预测方差来度量预测结果的精度和不确定性。

5. 孤立点分析

孤立点(outlier)分析，又称为离群点分析，是一种挖掘出与数据的一般行为或模型不一致的数据对象的过程。孤立点是对差异和极端特例的描述，如聚类外的离群值，大部分数据挖掘方法都将这种差异信息视为噪声而丢弃，然而在一些应用中，就是这些极少数离群数据常常比其他常规数据的挖掘更有价值。因为这些数据可能就是一些非正常信息的真实反映，如信用卡的欺骗检测，通过检测一个给定账号与其历史上正常的付费相比较，可以根据某次付款数额特别大这一异常数据来发现信用卡可能被欺骗性使用。所以，孤立点分析往往可以发现一些真实的但又出乎意料的知识。实际生活中，孤立点分析已广泛地应用在网络入侵检测、贷款证明的审核和信用卡恶意透支等领域。

6. 时间序列分析

时间序列分析(time series analysis)是描述基于时间或其他序列的经常发生的规律或趋势，并对其建模，一个典型的例子就是：在购买计算机的顾客当中，70%的人会在半年内购买打印机。时间序列模式分析将关联模式和时间序列结合起来，重点考虑数据之间在时间维上的关联性，有3个参数的选择对序列模式挖掘的结果具有很大的影响：①时间序列的持续时间 t，也就是某个时间序列的有效时间或者是用户选择的一个时间段；②时间折叠窗口 $w(w\leqslant t)$，即在某段 w 时间内发生的事件可以被看作同时发生的；③所发现模式的时间间隔。

7. 数据挖掘可视化

数据挖掘可视化(data mining visualization)技术是建立在可视化和分析过程的基础上，它以刻画结构和显示数据的功能性，以及人类感知模式、倾向和关系的能力为基础，用可视化来加强数据挖掘处理。可视化可以使数据和挖掘结果更容易理解，允许对结果进行比较和检验，数据挖掘可视化功能使计算和数据内容对人是可理解的，它把信息转化为我们的感觉和大脑可以分析和遵循的经历，使数据和挖掘结果更容易理解和验证。数据可视化方法包括几何投影方法、分层表示方法、基于像素的方法等，如二元散点图、平行坐标、散布矩阵、多维测量图、放射性可视化图、数据立方体以及自组织映射图(self-organizing map，SOM)等。

1.1.3 数据挖掘的方法

为完成上节描述的数据挖掘的任务，采用的数据挖掘方法(技术)有：决策树、贝叶斯信念网络、模糊集、粗糙集、概念格和遗传算法等。

1. 决策树

决策树(decision tree)是一个类似于流程图的树结构，树的每个非叶结点均表示被考察数据项目的一个测试或决策，根据测试结果，选择某个分支。构造决策树采用自上而下的递归构造，直到叶结点，便形成了一个决策，即如果训练实例集合中的所有实例是同类的，就将其作为一个叶子结点，结点内容为该类别的标记。否则，根据某种策略确定一个测试属性，并按属性的各种取值把实例集合划分为若干个子集合，使每个子集上的所有实例在该属性上具有相同的属性值。然后，再依次递归处理各个子集，直到得到满意的分类属性为止。典型的算法有ID3[9]和C4.5。

2. 贝叶斯信念网络

贝叶斯信念网络(Bayesian belief networks)是概率分布的图形化表示。它是一种有向无环图，其结点表示属性变量，边表示属性变量间的概率依赖性，与各结点相关的是描述相应结点与其父结点之间关系的条件概率分布。

3. 模糊集

模糊集(fuzzy set)是一种表达和处理不确定性的重要方法。随着要处理的数据日益增多，数据库模型中出现了多种形式的不确定性，如不精确、不完全、不一致、含糊等。模糊集合论是一种用隶属程度来表示处于中介过渡的事物对于差异一方所具有的倾向性程度的数学理论，是用精确的数学语言对模糊性进行描述的方法。因此，模糊集能够利用不确定性使系统的复杂性变得可以处理。当精确输入不可能或太昂贵时，模糊系统建模方法就是一种强有力的数据分析方法。

4. 粗糙集

粗糙集(rough set)理论是波兰数学家 Pawlak 于 1982 年提出的[10]，该理论是一种新的处理含糊性(vagueness)和不确定性(uncertainty)问题的数学工具。粗糙集理论是用一个集合的上下界来定义的。下界中的每个成员都是这个集合的成员，而上界中的每个非成员也一定是这个集合的非成员。粗糙集中的上界由下界和边界区域的并集构成。边界区域的成员可能但不一定是这个集合中的成员。因此，粗糙集可以被看成是一个有三级成员函数(是、非、可能)的模糊集，是能够处理数据不确定性的一种数学概念。目前粗糙集理论已广泛应用于数据挖掘、机器学习、决策支持、模式识别、专家系统、归纳推理等领域。

5. 概念格

概念格(concept lattice)也称为 Galois 格，又叫作形式概念分析，是 20 世纪 80 年代初由德国的 Wille 教授提出的[11]，它提供了一种支持数据分析的有效工具。概念格的每个结点是一个形式概念，由内涵(属性集)和外延(拥有该属性集的对象集)两部分组成，这种格的结构及其相应的 Hasse 图形式，反映了一种概念层次结构，本质上体现了实体(对象、记录、交易)和属性(特征、项目)之间的关系，概念内涵和外延的统一，生动而简洁地表明了概念之间的泛化和特化关系，成为一种很有用的数据分析和知识提取工具，这种形式概念分析工具已经被成功地应用于数字图书馆、文献检索、软件工程、基于案例数据分析和知识发现等领域。

6. 遗传算法

遗传算法(generic algorithm)的产生受自然界生物进化现象的启发，问题的解用一定长度的编码表示(最常用的编码方式是二进制编码)，个体的编码称为“基因型”或“染色体”，其编码对应的实际意义称为“表现型”。在种群中，每个个体的性能用“适应函数”来度量，一组遗传操作作用于种群上，使种群不断进化，直到产生符合要求的个体。遗传操作主要有“选择(复制)”、“交叉”、“变异”三种。种群就在这三种遗传操作的作用下对问题的解空间进行搜索。

1.1.4　数据挖掘的应用

数据挖掘技术在各个需要进行信息分析的领域得到了十分广泛的应用，虽然只有短短十多年的历史，但发展迅速，算法研究日趋成熟。从 20 世纪 90 年代中期开始，数据挖掘技术便在许多行业投入应用，各大软件巨头也都有数据挖掘工具软件产品相继问世，数据挖掘解决方案迅速、广泛、深入地进入各行业的决策支持中，如零售业、电信业、银行、保险、医疗保健、学校、运输业、行政司法、生物信息处理(生物信息学)、采矿业、图像处理和天文学等领域。数据挖掘技术不仅在传统行业展现了巨大的能力，在新兴的科技领域中也发挥了巨大的潜力。它带来显著的经济效益，不仅可以控制成本，也可以给企业带来更多效益。在超市，可以通过对超市交易信息的分析，安排货架货物摆设，以提高销售收入；在金融业，可以通过信用卡历史数据的分析，判断哪些人有风险，哪些人没有；在保险业，可以通过对保险公司客户记录的分析，来判定哪些客户是花费昂贵的对象；在医学中，运用孤立点分析技术，通过分析在医学图像数据集中容易被忽略的、但非常重要的信息，采掘出其中的医学诊断规则和模式，用于疾病诊断和治疗；在学校，可以通过分析学校学生课程及成绩等信息，来判断课程之间的关系；在体育运动中，可以利用数据挖掘技术对对抗性强的积极运动进行分析，发现对方弱点，制定有效的战术等。此外，在天文学和生物学中的分析发现，数据挖掘技术已从中发现了许多有用的知识，如发现了一些特殊天体和未知天体。

目前，国内外学者已经研究和开发出了一些数据挖掘系统，比较有代表性的通用数据挖掘系统有：由 MIT(Massachusetts Institute of Technology，麻省理工学院)喷气推进实验室与天文科学家合作开发的用于帮助天文学家发现遥远的类星体工具 SKICAT、IBM 公司 Almaden 研究中心开发的 Quest、加拿大 Simon Fraser 大学开发的 DBMiner、SGI 公司和美国 Stanford 大学联合开发的 MineSet、南京大学开发的 Knight 原型工具等。

1.1.5　数据挖掘的研究方向

总之，当前数据挖掘研究方兴未艾，预计将来还会形成更大的高潮，研究焦点可能会集中在以下主要方面[12]。

(1)大数据的挖掘。数字电子、网络等技术产生海量的数据集，大数据的挖掘是数据挖掘领域始终研究的重点。

(2)复杂性信息网络数据的挖掘。由于大多数数据对象相互连接，形成异构信息网络，因而大多数数据集是由“有组织”或者“结构化”的多类型、异构信息组成。所以，从结构化的异构信息网络中分析出的丰富知识是未来研究的热点。

(3)数据挖掘将探索更广泛的研究领域，如网络聚类分析、排名、分类、数据清洗、信托分析、角色发现、相似性搜索和关系预测等。

总之，挖掘和探索大数据和复杂的信息网络数据，是未来数据挖掘重点研究的主题。

1.2 概 念 格

概念格又称形式概念分析(formal concept analysis，FCA)[13]，是一种数据挖掘分析工具。在哲学中，概念被理解为由外延和内涵两个部分所组成的思想单元。基于概念的这一哲学理解，德国的Wille教授在20世纪80年代初提出了概念格，用于概念的发现、排序和显示。

1.2.1 概念格的基本概念

在形式概念分析中，概念的外延被理解为属于这个概念的所有对象(实体、交易)的集合，而内涵则被认为是所有这些对象所共有的属性(特征、项目)的集合，这实现了对概念哲学理解的形式化，所有的概念连同它们之间的泛化与特化关系则构成一个概念格。概念格是形式概念分析理论中的核心数据结构，本质上描述了对象和特征之间的联系，表明了概念之间的泛化与特化关系，其相应的Hasse图则实现了对数据的可视化。形式概念分析通常由一个形式背景开始。

定义 1.1 在形式概念分析[13]中，形式背景一般定义为一个三元组$K=(G, M, I)$，其中，G是对象集，M是属性集，一个二元关系$I\subseteq G\times M$。如果$g\in G$和$m\in M$在关系I中，写作“$(g, m)\in I$”或“gIm”，称为“对象g具有属性m”。形式背景的一个形式概念表示为一个元组(A, B)，可用一个结点$h=(A, B)$表示，其中$A\subseteq G$，$B\subseteq M$，其中A称为形式概念的外延(extent)，B称为形式概念的内涵(intent)，并且满足以下条件，该条件体现了形式概念的最大扩展性。

(1) $A=B'=\{a\in G|\ \forall\ b\in B,\ aIb\}$

(2) $B=A'=\{b\in M|\ \forall\ a\in A,\ aIb\}$

定义 1.2　一个形式背景 K 中所有形式概念之间的偏序关系表示为 $(A_1, B_1)\leqslant(A_2, B_2)\Leftrightarrow B_2\subseteq B_1(A_1\subseteq A_2)$，由形式背景 K 中的所有概念及概念之间的偏序关系构成了一个完备格，称为一般概念格，记为 $<L(G, M, I), \leqslant>$。

定义 1.3　设 $h_1=(A_1, B_1)$ 和 $h_2=(A_2, B_2)$ 是一般概念格 $<L(G, M, I), \leqslant>$ 的任意两个结点，如果 $h_1\leqslant h_2$，且不存在结点 $h_3=(A_3, B_3)$，有 $h_1\leqslant h_3\leqslant h_2$ 成立，则称 h_1 是 h_2 的直接例化，h_1 是 h_2 的子结点，也可以称为 h_1 是 h_2 的子概念，记为 $h_1=\text{child}(h_2)$；称 h_2 是 h_1 的直接泛化，h_2 是 h_1 的父结点，也可以称为 h_2 是 h_1 的父概念，记为 $h_2=\text{father}(h_1)$。Hasse 图体现了概念之间的这种泛化与例化的关系。

定义 1.4　在一般概念格中，上确界 Sup 和下确界 Inf 定义如下，其中 J 为概念格结点的序号集。

$$\text{Sup} = \underset{j\in J}{\vee}(A_j, B_j) = ((\underset{j\in J}{\cap} B_j)', \underset{j\in J}{\cap} B_j)) \in < L(G,M,I),\leqslant>$$

$$\text{Inf} = \underset{j\in J}{\wedge}(A_j, B_j) = (\underset{j\in J}{\cap} A_j, (\underset{j\in J}{\cap} A_j)') \in < L(G,M,I),\leqslant>$$

一个简单的形式背景 $K=(G, M, I)$，如表 1.1 所示，其中，对象集 $G=\{1, 2, 3\}$，属性集 $M=\{a, b, c, d, e\}$，由其所构造的概念格的 Hasse 图如图 1.2 所示。

表 1.1　一个形式背景

属性集 / 对象集	*a*	*b*	*c*	*d*	*e*
1	1	1	0	0	0
2	0	1	1	1	0
3	1	0	0	1	1

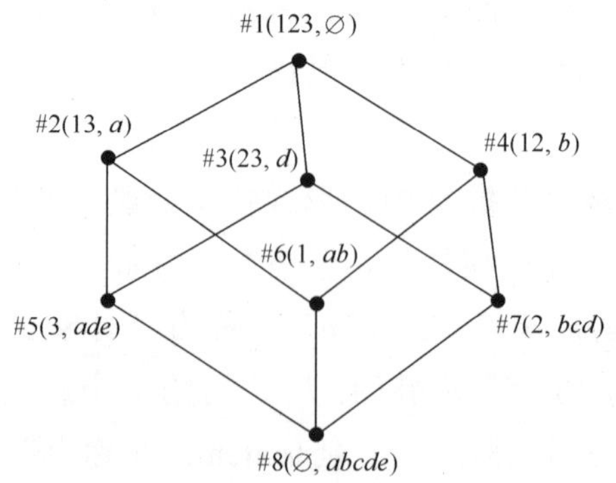

图 1.2　形式背景对应的概念格

1.2.2 概念格的研究内容

概念格因本质上体现了数据集上的实体和属性、概念上的内涵和外延的关系，成为一种有效的数据分析和知识提取工具，同时又是一种粒计算模型，并成功地应用于文献检索、软件工程、数据挖掘、CBR(case-based reasoning)、自然语言处理、本体理论和智能数据处理等领域[14-20]。因此，吸引了很多国内外研究学者。

1. 概念格构造算法的研究

在应用概念格的过程中，由于概念格结构的完备性，构造效率呈指数级。从提高构造效率角度出发，国内外不少研究学者如Godin、Bordat、Nourine、刘宗田、胡可云等对概念格构造方法和算法方面进行了研究[21-44]，提出了各种不同的构造算法，主要分为两类：渐进式和批处理[26]，其他构造方法都是这两种构造方法的变迁。渐进式构造算法的基本思想大致相同，即将当前要插入对象的内涵和格中所有结点的内涵进行交集运算，根据交集的结果执行不同的操作。批处理算法可以分为三类：自底向上，即先构造最底层结点，然后依次向上构造，如Chein、CbO、Norris和MCA等算法[41]；自顶向下，即先构造最顶层结点，然后依次向下构造，如Bordat[39]、OSHAM[172]和Choi等算法[42]；枚举算法，即按照某种顺序先构造出格的所有结点，然后再生成格结点的关系，如Ganter[173]和Nourine[43]等算法。渐进式和批处理两种概念格构造方法有各自的优缺点，其构造效率因形式背景中的数据特征不同而存在着显著的区别。在数据量较小的情况下，渐进式构造的效率要优于大多数的批处理构造方法，但是对于海量数据的形式背景，由于新增对象要与格中已生成的大量结点比较，其构造效率要低很多，批处理构造方法尽管产生一些重复结点，但是对于大数据集，其批处理构造效率一般要优于渐进式构造方法[44]。尽管目前国内外研究学者提出了很多概念格构造方法和算法，但是，概念格的构造效率仍然是长期以来的一个研究主题。

2. 基于概念格的知识提取

因为概念格的每个结点内涵本质上就是一个最大项目集[26]，非常有利于知识的提取，如同粗糙集和决策树，概念格也成为一种提取知识的有效工具，许多研究者对利用概念格进行分类知识、聚类知识、关联知识和离群知识的提取方法和算法进行研究[45-62]。例如，Sartipi 等在使用序列模式挖掘技术从软件系统进行动态知识提取过程中，利用概念格对一些确定的特征的函数分布进行了可视化，并使用该结构识别源代码中一个密切相关的特征族[50]。王志海等提出了一种在概念格上提取分类规则和关联规则的算法[53]。Valtchev 等提出了一种利用概念格，渐进式生成频繁闭项集并用于提取关联规则的方法[54]。李云等[55]提出了一种在量化的封闭项目集格上，使用最小项集提取满足用户需求的全局简洁规则算法。梁吉业等提出了在构造好的闭项集格上，提取满足用户需求的较小、易懂的规则算法[56]。蒋义勇等将约束概念格中的每个概念结点看作子空间，提出了一种基于约束概念格的离群知识挖掘算法[57]，而且将约束概念格应用于天体光谱离群数据挖掘系统中，取得了良好的应用效果[52]。

3. 概念格的扩展和与其他理论的融合

为了充分利用概念格进行有效的知识表示与知识提取，针对数据海量、粗糙、模糊和不确定等特点，研究者对概念格进行了扩展研究[61-64]，或者与粗糙集理论[65-69]和模糊集理论[70-71]相结合，使其构造效率更高、更实用，如基于用户感兴趣的背景知识而形成的约束概念格[31-32]，由频繁闭项集构成的半序格 iceberg 概念格[61]，以及多维概念格[62]和基于扩展概念格的属性归纳[64]。刘宗田等定义了模糊概念的两个模糊参数，给出了一种模糊概念格模型及渐进式构造算法[33]；梁吉业对粗糙集与概念格理论中的一些基础理论问题与知识发现方法进行了系统深入的研究[67]。Dubois 等将概率论与概念格结合起来，详细地研究了形式概念中内涵和外延基于相对必要概率函数的关系[70]。

4. 概念格代数性质的研究

概念格因直观的知识表示与知识发现特征，已得到充分应用。但由于概念格结构内涵和外延的最大扩展性，其构造效率较低。为充分利用概念格进行知识表示与知识提取，进一步为概念格的应用提供一个坚实的理论架构，国内外研究学者从其数学性质对其进行理论研究[14, 68-80]。Chen 等提出了一种基于数据算子的多种智能数据分析方法，通过定义基本集赋值、充分性、充要性、必然性和可能性四个算子，利用概念格对数据不同特点从多角度进行智能数据分析等[14]。Estajia 等将上下粗糙理想(滤子)概念引入概念格中，并研究了一些关于素理想(滤子)、不动点集和紧元集等的代数性质[68]。Aswani Kumar 等利用模糊 k 均值方法对概念格进行了约简[71]。张继福等对用户背景知识定义的约束概念格结构定义了一些代数性质，并证明了其知识提取的完备性[75-76]。张文修等提出了一种概念格属性约简的理论与方法[77]，给出了概念格约简的判定定理，通过引入形式背景的可辨识属性矩阵，得到了寻找约简的方法，使得形式背景中隐含知识的发现变得容易和简单。曲开社等在形式背景上定义了三个偏序集[78]，讨论了偏序集、包含度和概念格三者之间的关系，提出了可以采用基于偏序集的方法或基于包含度的定量计算方法进行规则提取。

1.2.3 概念格的研究方向

从国内外研究的现状可以看出，概念格的构造效率和基于概念格来快速挖掘有用的知识成为概念格研究的重要方向。概念格正以其独特的优势赢得越来越多的国内外学者的关注，进一步的研究方向可概括为如下几个方面。

(1) 高效的建格算法的研究；

(2) 如何拓广格结点结构以处理更丰富的知识表示模式等；

(3) 如何拓广概念格算子，以进行更为丰富的操作；

(4) 概念格的剪枝问题，可以分为有损剪枝和无损剪枝，以降低概念格的空间复杂性；

(5) 如何把概念格与其他处理不确定性的数学工具如粗糙集、模糊集理论有效结合以处理不确定性规则提取；

(6) 从概念格中提取其他类型知识，如分类知识、异常知识等；

(7) 如何将概念格理论与实际领域的背景知识相结合，以指导实际的应用。

第 2 章　加权概念格的权值获取及其拓展格结构

概念格是一种数据分析与知识提取的有效工具，已吸引了不少的研究者。但是在目前的研究中，一般假定概念格的内涵同等重要，然而在现实世界中，组成内涵的属性重要性往往是不同的。为了充分利用概念格进行数据分析和知识提取，本章首先通过对概念格的内涵引入权值，定义了一种加权概念格结构，拓广了概念格的结构。其次，给出了一种基于信息熵和偏差的权值获取方法。最后，由用户设立概念格内涵的最小阈值和偏差阈值，分别构造了两种拓展加权概念格结构：频繁加权概念格和强加权概念格。

2.1　引　　言

数据挖掘(data mining，DM)是一个从海量数据集中提取有用的、隐含的、最终可理解的知识的非平凡过程。面对纷杂的数以亿计的数据，如何利用数据挖掘工具快速提取有用的知识，以指导正确决策，已成为研究者关注的重点之一。概念格因本质上体现了数据集上的实体和属性、概念上的内涵和外延的关系，成为一种有效的数据分析和知识提取工具，在数据挖掘、文献检索、软件工程、CBR(case-based reasoning)、自然语言处理和本体理论等领域得到成功的应用[16, 20, 46, 54, 56, 81-82]。由此可见，面对复杂的海量数据集，根据数据集的对象属性存在的特点以及用户的兴趣，建立一种概念格结构，并快速有效地进行数据挖掘，引导科学、社会和经济方面的决策，具有重要的理论和应用价值。典型的相关研究工作有：张继福等利用用户给定的背景知识构造了约束概念格，并提出了基于概念格的天体光谱离群数据识别方法[46]；刘宗田等定义了模糊概念的两个模糊参数，给出了模糊概念格模型及渐进式构造算法[33]；Kwon 等提出一种配置概念格，并用其可视化和产生用户配置规则[81]；齐红等通过定义两个用户关联基，利用概念格来挖掘有效的用户关联规则等[82]。

然而，这些概念格的建立往往假设组成内涵的各属性均匀、同等重要，由于概念格结构的完备性，其构造的复杂性呈指数形式。但是在数据挖掘过程中，用户并不对基于该概念格上提取的所有知识都感兴趣，而是依据自己对某些属性特征的偏好来指导挖掘过程。因此，对象的属性重要性是不同的，即概念格的内涵并非同等重要。例如，铂金钻戒、百十来个乒乓球不如一个乒乓球台的利润，人们对过去几年、十几年的交易数据不再感兴趣，而更多关心的是近期的交易数据，等等。

概念格是数据分析与知识提取的有效工具，主要反映了属性实体间的关系，而属性(特征、项目)的重要性存在差别，为此，根据属性(特征、项目)的不同重要性，给内涵引入一个权值 $w(0\leqslant w\leqslant 1)$，以标识内涵的重要性，建立一种标识内涵重要性的加权概念格结构，不仅拓广了概念格的结构，而且对基于概念格的知识发现的深入研究具有一定的研究价值[30]。

2.2　加权概念格的基本定义

加权概念格是一种刻画内涵重要性的概念格结构，该结构针对属性重要性的不同，给内涵引入权值 $w(0\leqslant w\leqslant 1)$，以标识内涵的重要性。

定义 2.1　设 $K=(G, M, I)$ 为一个形式背景，属性集 $M=\{m_1, m_2, \cdots, m_n\}$，定义 $W=\{w_1, w_2,\cdots, w_n\}$为单属性权值集合，$w_i\in W$ 标识了属性 m_i 的重要程度，其中，$0\leqslant w_i\leqslant 1$。为了刻画内涵重要性，一个形式背景表示为四元组 $K_w=(G, M, I, W)$，其中，G 为对象集，M 为属性集，W 为属性集 M 中单属性的权值集合，$I\subseteq G\times M$。其中，$h_w=(A, B, w)$ 为 K_w 上的任一个三元组，且 $A\subseteq G, B\subseteq M$，$w=\text{weight}(B)$ 为属性集 B 的权值$(0\leqslant w\leqslant 1)$，并满足如下映射关系：

(1) $f(A)=\{m\in M \mid \forall n\in A, mIn\}$

(2) $g(B)=\{n\in G \mid \forall m\in B, mIn\}$

如果 $f(A)=B, g(B)=A$，即三元组 (A, B, w) 满足最大扩展性，则称 $h_w=(A, B, w)$ 为 K_w 上的一个加权概念，A 称为加权概念 h_w 的外延，B 称为加权概念 h_w 的内涵，w 称为内涵 B 的权值。

定义 2.2　设 $h_{w1}=(A_1, B_1, w_1)$, $h_{w2}=(A_2, B_2, w_2)$和 $h_{w3}=(A_3, B_3, w_3)$是形式背景 K_w 上的加权概念，如果$(A_1\subseteq A_2)(B_1\supseteq B_2)$，则称 h_{w1} 是 h_{w2} 的子孙结点，h_{w2} 是 h_{w1} 的祖先结点，记为 $h_{w1}\leqslant h_{w2}$，$\leqslant$称为概念的“层次序”(简称为序)。特别地，如果 $\neg\exists h_{w3}$ 使得 $h_{w1}\leqslant h_{w3}\leqslant h_{w2}$，则称 h_{w1} 是 h_{w2} 的子结点，记 h_{w1} 的所有子结点集合为 $\text{Child}(h_{w1})$，加权概念 h_{w2} 是 h_{w1} 的父结点，记 h_{w2} 的所有父结点集合为

Parent(h_{w2})。K_w 中的所有加权概念，用这种序组成的集合称为 K_w 上的加权概念格，记为<$L_w(G, M, I, W)$，≤>。

定义 2.3　对于加权概念格中的任意一个概念 $h_w=(A, B, w)$，内涵 $B=m_1\Pi m_2 \Pi\cdots\Pi m_n$（Π表示属性 m 的结合符），且 $m_1, m_2, \cdots, m_n\in M$，若 $n=1$，则 B 称为单属性内涵，否则 B 称为多属性内涵。

对于任意一个概念 $h_w=(A, B, w)$，假设单属性内涵的权值 w 按照某种方法(如用户感兴趣程度、时间、专家给定、统计规律等)给定，而由多属性形成新的格结点时，即不同属性(项目)结合形成多属性内涵时，多属性内涵权值的确定隐含着权值传递问题。内涵属性重要性的不同意味着属性的不确定性(属性的重要性可用 $w\in[0, 1]$表示)；因此，多属性内涵权值的确定就隐含着不确定性知识的推理。

常用的不确定性知识的处理方法有贝叶斯方法、D-S 证据理论、可能性理论等几种。贝叶斯方法具有较强的数学基础，当考虑属性独立时，多属性内涵的权值小于单属性内涵权值的最小值；如果考虑属性关联，利用贝叶斯信念网络求解，偏差值无法合适给出。D-S 证据理论引进了信任函数，用来处理由“不知道”所引起的不确定性，这种方法显然不合适。可能性理论处理的仅仅是由概念的模糊性引起的不确定性。一般来说，由于多属性内涵的重要性介于单属性内涵重要性之间，构成内涵的多属性权值介于单属性权值之间，所以可用单属性内涵权值的算术平均表示由多属性组成的内涵的权值。

定义 2.4　设 W 为表示单属性内涵权值的集合，若 $h_w=(A, B, w)$，且 $B=m_1\Pi m_2\Pi\cdots\Pi m_n$，$m_1, m_2, \cdots, m_n\in M$，weight($m_i$)=$w_i$　($i\in 1, \cdots, n$)，则多属性内涵 B 的重要性权值定义为

$$\text{weight}(B)=\overline{wa}=\frac{w_1+w_2+\cdots+w_n}{n}=\frac{\sum_{i=1}^{n} w_i}{n} \tag{2.1}$$

表 2.1 为一个形式背景 $K_w=(G, M, I, W)$，对象集 $G=\{1, 2, 3, 4, 5, 6, 7, 8, 9\}$和属性集 $M=\{b, d, e, f, g, k, s\}$。假定所有内涵都是同等重要的，由形式背景 K_w 构成的概念格如图 2.1 所示。如果单属性内涵权值 W 由专家给定，W=(0.08, 0.17, 0.21, 0.04, 0.25, 0.125, 0.125)，且多属性内涵权值由式(2.1)计算而得，则生成的加权概念格如图 2.2 所示。

表 2.1 一个形式背景

对象集 \ 属性集	b(0.08)	d(0.17)	e(0.21)	f(0.04)	g(0.25)	k(0.125)	s(0.125)
1		√		√			√
2							√
3				√			
4	√		√				
5		√	√	√			√
6	√	√		√	√		√
7		√		√		√	√
8		√				√	
9	√	√	√	√	√		√

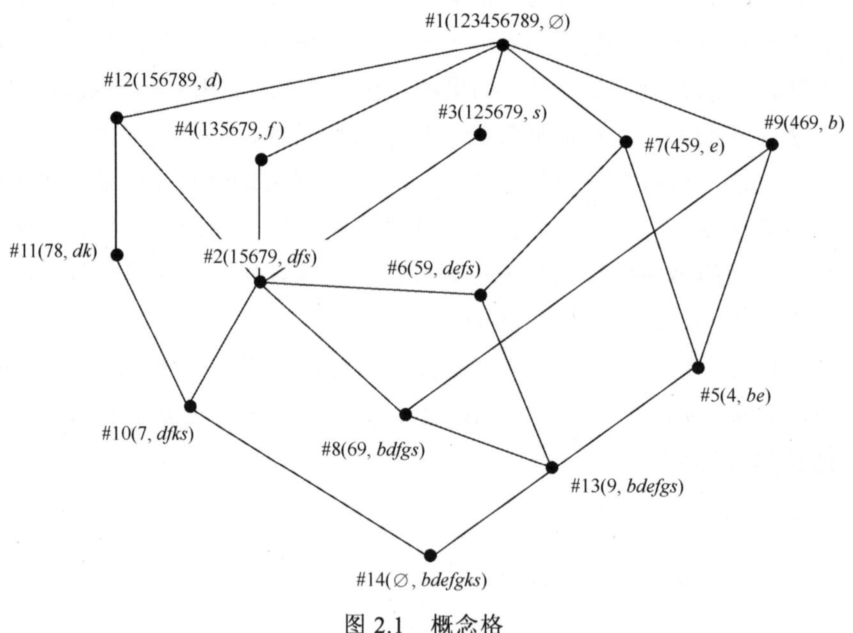

图 2.1 概念格

从以上的两个图中可以看出，与一般概念格相比，加权概念格中每个结点的内涵赋予了权值，标识了该结点的重要性。因此，用户可以根据自己的喜好考察自己关心的结点。例如，假定用户只关心权值大于 0.116 的结点，则用户不需要去考察 2、4、9、10 结点，那么这些结点就不需要产生，从而用户就可以从约简的格结构中快速提取感兴趣的知识，时空效率的提高是很明显的。

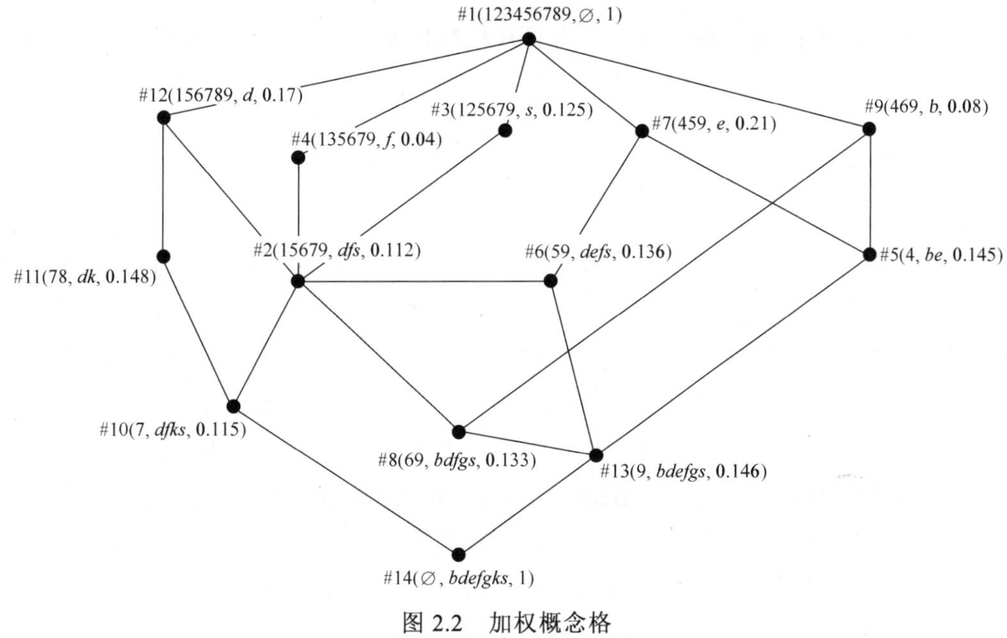

图 2.2　加权概念格

2.3　基于信息熵和偏差的内涵权值获取

对于加权概念格结构，关键是内涵权值的获取问题。面对给定的数据集，用户通过长期工作积累，对数据集中内容有深入理解，则数据集中的属性特征的重要性可以由用户或专家给出，即单属性内涵权值可通过专家经验获取，由于在概念格的构造中存在着不确定性传递，多属性内涵权值可采用算术平均来计算。

加权概念格拓广了格的结构，具有构造效率高和知识提取的实用性强等特点。但不足的是，在缺乏专家先验知识的情况下，单属性内涵权值无法给出；用算术平均值计算多属性内涵重要性，反映了各属性重要性的总体水平，但没有考虑构成内涵的属性重要性存在偏差，不利于灵敏提取用户关心的具有某种偏差程度的知识，因此具有片面性。例如，企事业单位对员工进行积分考核时，发现同样积分高的员工存在很大差别，有的积分高的员工各方面都表现不错，而有的积分高的员工在某些方面表现很优秀，而另一些方面表现却很差；同样对高校人才的选拔，一般都从各方面综合素质来考虑；又如在对病人患某种病进行诊断时，医生也尽力考察作用偏差较小的各方面的症状对疾病的影响，指导正确诊断，从而对病人进行综合治疗以取得良好的治疗效果[83]。

总之，在加权概念格构造中，内涵权值如何确定，以使格结构能有效地刻画数据集的特征，充分体现用户关心知识的重要性，用以指导正确决策，即单属性内涵权值获取和多属性内涵权值的计算方法是关键问题之一。

2.3.1 基于信息熵的单属性内涵权值自动获取

对于给定的形式背景，如果缺乏专家和用户的先验知识，各属性特征对知识提取的指导意义的重要程度很难主观给出，即属性特征的重要程度是未知的和不确定的。由于不确定性的大小可以直观地看成是事先猜测某随机事件是否发生的难易程度，而事件发生的难易程度是根据概率值的大小来判断的，因此，对给定的数据集中，属性特征的重要程度可采用一个与概率有关的函数来测度。

信息熵是 1948 年香农(Shannon)在创立信息论时建立的[84]，他提出收信者在未收到信息以前，对信源发出什么样的消息是不确定的，是随机的，所以可以用随机变量、随机矢量或随机过程来描述信源输出的消息，或者用一个样本空间及其概率测度来描述信源,即从量上反映具有确定概率的事件发生时所传递的信息。香农把信息熵定义为离散随机事件出现的平均概率，利用信息熵体现信源各个离散消息的不确定性，解决了对信息的量化度量问题，已得到成功的应用。因此，采用信息熵选取单属性内涵权值，可以客观描述缺乏先验知识的形式背景中属性特征的重要性。

依据香农对信息熵的描述，设事件 x 出现的概率为 $p(x)$，则 x 的自信息量 $I(x)=-\log_2 p(x)$，$I(x)$表示某一事件发生时事件 x 所包含的信息量，小概率事件所隐含的不确定性大，自信息量大；大概率事件所隐含的不确定性小，自信息量小。信源 X 的信息熵 $H(x)$定义为事件 x 的平均信息量，$H(x)$值越大表示信源的不确定性越大，隐含的信息量就越多，信息熵从平均意义上表征信源的总体特性。

$$H(x)=E\left[I(x_i)\right]=E\left[\log_2\left(\frac{1}{p(x_i)}\right)\right]=-\sum_{i=1}^{n}p(x_i)\log_2 p(x_i) \tag{2.2}$$

由于形式背景中各对象具有独立性，各对象提供的共同属性的信息量具有可加性，因此形式背景中某属性的信息量为各对象提供的属性信息之和，即某属性信息熵的多少隐含了其不确定性程度，可以用其表示单属性内涵权值的重要性。因此，采用信息熵作为形式背景中的单属性内涵权值，可描述数据本身隐含的某些信息的重要性。

对于任意对象 $g_j \in G(1 \leqslant j \leqslant n)$，$p(m_i/g_j)$ 表示对象为 g_j 时，具有属性 m_i 的概率，$H(m_i)$ 表示 G 提供给属性 m_i 的平均信息量，以表示 m_i 的重要性，表示为

$$H(m_i) = E\left[I\left(\frac{m_i}{g_j} \right) \right] = -\sum_{j=1}^{n} p\left(\frac{m_i}{g_j} \right) \log_2 p\left(\frac{m_i}{g_j} \right) \tag{2.3}$$

在形式背景中，属性集 $M=\{m_1, m_2,\cdots, m_n\}$，对于 $h_w=(A, B, w)$，且 $m_i(i\in 1,\cdots, n)$，则 weight(B)= weight(m_i)=$H(m_i)$=w_i，w_i 称为单属性内涵 B 的权值。一般地，对 w_i 进行标准化(归一化)，即

$$w_i = \frac{H(m_i)}{\sum_{i=1}^{n} H(m_i)} \tag{2.4}$$

2.3.2　内涵重要性偏差及多属性内涵权值的获取

概念格的每个结点本质上是一个最大项目集，非常有利于知识的提取。对于加权概念格中的每个结点来说，由于给内涵赋以权值，因此可提取具有某种重要程度的知识。加权概念格的多属性内涵权值采用算术平均，反映了多属性内涵的总体重要程度，但没有考虑构成内涵的重要性存在偏差，不利于灵敏提取用户关心的具有某种偏差程度的知识。例如，对一加权概念 $h_w=(A, B, w)$，假设内涵 $B=c\Pi d\Pi e$，且 B 的权值采用单属性内涵权值 c、d 和 e 的算术平均，按照用户定义的内涵重要性阈值，判定 B 为重要内涵，且内涵 B 包含用户关心的决策属性 e，则可提取知识 if c and d then e。该知识的获取可能由于多种情况，如 c、d 和 e 均衡重要；c、d 较重要、e 不重要；c 极重要、d 极不重要、e 基本重要等，并且由于 c 极重要、d 极不重要、e 基本重要而获取的知识可能与用户需求或现实不符，因此，仅采用算术平均只能反映多属性内涵的总体重要程度，而不利于准确反映内涵重要性存在偏差的知识。所以，通过计算多属性内涵重要性偏差值，并根据用户关心的内涵重要性偏差阈值来指导多属性权值的获取，可有效地反映和提取用户需求的知识。

设 W 为表示单属性内涵权值的集合，若 $h_w=(A, B, w)$，且 $B=m_1\Pi m_2\Pi\cdots\Pi m_n$，$m_1, m_2, \cdots, m_n\in M$，weight$(m_i)$=$w_i(i\in 1, \cdots, n)$，则多属性内涵 B 的权值和重要性标准偏差定义为

$$\text{weight}(B) = \overline{wa} = \frac{w_1 + w_2 + \cdots + w_n}{n} = \frac{\sum_{i=1}^{n} w_i}{n} \tag{2.5}$$

$$\text{dev}(B) = \sqrt{\frac{1}{n-1}\sum_{i=1}^{n}(w_i - \overline{wa})^2} \tag{2.6}$$

根据偏差的特点，定义 dev(B)=0（n=1）。

2.4　加权概念格的拓展结构

对于一般的加权概念格，可以按照用户的需求建立不同的加权概念格结构，使得构造的加权概念格建格时间短，格结构更具有针对性，提取的知识更具有实际意义。本小节依据用户给定的内涵重要性最小阈值α和重要性偏差阈值 β，定义了两种拓展的加权概念格结构：频繁加权概念格和强加权概念格，并给出了相关的定理。

2.4.1　频繁加权概念格及其相关定理

定义 2.5　根据用户对属性集感兴趣的程度，定义内涵重要性阈值为$\alpha(0\leqslant\alpha\leqslant1)$，对于$<L_w(G, M, I, W), \leqslant>$上的任意加权概念 $h_w=(A, B, w)$，w=weight(B)，如果 $w\geqslant\alpha$，则称 h_w 为频繁加权概念，否则，h_w 为非频繁加权概念，如果 L_w 中所有的 h_w 为频繁加权概念，则$<L_w(G, M, I, W), \leqslant>$为频繁加权概念格（frequent weighted concept lattice，FWCL），简记为 L_{fw}。

定理 2.1　设 L_{fw} 是由形式背景 $K_w=(G, M, I, W)$ 构造的一个频繁加权概念格，α为用户定义的内涵重要性阈值，如果 M 中的每个单属性的权值都大于等于α，则 L_{fw} 退化为一般加权概念格。

证明：当 M 中的每个单属性的权值都大于等于α时，由于概念结点的内涵都是由单属性组成的，所以每个加权概念的内涵权值也都大于阈值，即全部结点都为频繁概念，也就是所有加权概念结点全部要生成，因此，L_{fw} 退化为一般加权概念格。

2.4.2　强加权概念格及其相关定理

定义 2.6　设用户关心的多属性内涵重要性偏差阈值为 $\beta(0\leqslant\beta\leqslant1)$，对于频繁加权概念格上的任意加权概念 $h_w=(A, B, w)$，如果 $\text{dev}(B)\leqslant\beta$，则称 h_w 为强加权概念。如果 L_w 上的任意加权概念 $h_w=(A, B, w)$ 都为强加权概念，则该加权概念格称为强加权概念格。

定理 2.2　设 L_{fw} 是由形式背景 K_w 构造的频繁加权概念格，且所有结点 $h_w=(A, B, w)$ 的内涵 B 都是由单属性构成的，则 L_{fw} 为强加权概念格。

证明：因为 L_{fw} 是由形式背景 $K_w=(G, M, I, W)$ 构造的频繁加权概念格，所以对于 L_{fw} 上的任意加权概念 $h_w=(A, B, w)$，都有 $w\geqslant\alpha$，又因所有结点 h_w 的内涵都是由单属性构成，则由式(2.6)可知 $\text{dev}(B)=0\leqslant\beta$，所以 h_w 为强加权概念，从而可证 L_{fw} 为强加权概念格。

定理 2.3　设 L_w 是一般加权概念格，格中所有结点 h_w 的内涵 B 的权值 $w\geqslant\alpha$，且 B 是由单属性构成的，则 L_w 为强加权概念格。

证明：对于一般加权概念格 L_w，由于格中所有结点 $h_w=(A, B, w)$ 的内涵 B 的权值 $w\geqslant\alpha$，可知 L_w 为频繁加权概念格，又因所有结点内涵都由单属性构成，可知 $\text{dev}(B)=0$，则有 $\text{dev}(B)\leqslant\beta$，所以 h_w 为强加权概念，从而可证 L_w 为强加权概念格。

定理 2.4　设 L_{fw} 为频繁加权概念格，对于格中任一结点 $h_w=(A, B, w)$，如果内涵 B 为多属性内涵，且组成 B 的所有属性内涵权值相等，则 L_{fw} 为强加权概念格。

证明：因为 L_{fw} 为频繁加权概念格，所以格中任一结点 $h_w=(A, B, w)$ 都为频繁加权概念，如果内涵 B 为多属性内涵，且组成 B 的所有属性内涵权值相等，则有 $\text{dev}(B)=0\leqslant\beta$；如果内涵 B 为单属性内涵，则由式(2.6)可知 $\text{dev}(B)=0\leqslant\beta$；所以格中任一结点 h_w 都为强加权概念，从而可证 L_{fw} 为强加权概念格。

由以上定理可以看出，频繁加权概念格和强加权概念格是加权概念格的扩展，两种扩展加权概念格结构减少了格结点数，时空复杂性低于一般概念格，按照用户的需求构造，因此实用性比一般概念格好。

2.5　实 例 分 析

表 2.2 所示为一个形式背景 $K_w=(G, M, I, W)$，其中对象集 $G=\{1, 2, 3, 4, 5, 6\}$，属性集 $M=\{s, d, g, f, h\}$，s 表示吸烟，d 表示饮酒，g 表示遗传，f 表示肥胖，h 表示高血压。在未知 M 中各属性内涵重要性的情况下，利用信息熵自动获取该形式背景中单属性内涵权值的过程，如表 2.3 所示，求得单属性内涵权值集合

$W=(0.11, 0.19, 0.21, 0.25, 0.24)$。格结点内涵权值及重要性偏差值求解结果如表 2.4 所示。图 2.3 是由该形式背景构造出的加权概念格，图 2.4 和图 2.5 分别是按照用户需求，构造出的频繁加权概念格和强加权概念格。

表 2.2　形式背景

对象集＼属性集	*s*	*d*	*g*	*f*	*h*
1	×	×			
2	×			×	×
3	×	×	×		×
4	×				
5		×			×
6	×	×		×	

表 2.3　单属性内涵权值获取

	s	*d*	*g*	*f*	*h*
$P(x)$	0.833	0.667	0.167	0.333	0.5
信息熵 $H(x)$	0.2192	0.3899	0.4308	0.5283	0.5
归一化	0.1059	0.1885	0.2083	0.2554	0.2418
单属性内涵权值 w	0.11	0.19	0.21	0.25	0.24

表 2.4　格结点内涵权值及重要性偏差值

	∅	*s*	*d*	*h*	*sd*	*sh*	*dh*	*sf*	*sdf*	*sfh*	*sdgh*	*sdgfh*
内涵均值	1	0.11	0.19	0.24	0.15	0.18	0.22	0.18	0.18	0.2	0.19	1
内涵权值	1	0.11	0.19	0.24	0.15	0.18	0.22	0.18	0.18	0.2	0.19	1
权值偏差	0	0	0	0	0.06	0.09	0.04	0.10	0.08	0.24	0.06	0

设内涵重要性阈值α=0.16，重要性偏差阈值 β=0.08，由形式背景生成的频繁加权概念格如图 2.4 所示，由于图 2.3 中一般加权概念格中的#2、#5 结点的内涵不满足用户定义的内涵重要性阈值，因此没有被生成，同时为保证格结构的完备性，保留了#2 结点(将权值标志为–1，提取用户关心的知识时不需要考虑该结点)。对于图 2.4 中的#6、#8 和#11 结点，尽管满足用户关心的重要性阈值α，但不满足用户关心的重要性偏差阈值 β，因此被删除，生成的强加权概念格如图 2.5 所示。从图 2.4 中删除的#6 结点(吸烟、高血压)反映如下知识：吸烟可以引起高血压是用户关心的重要知识，但吸烟和高血压之间存在偏差，不在用户关心的偏差范围

之内。而且在实际生活中，往往也会发现吸烟可能引起高血压，但很多吸烟者并没有患高血压这一重要知识，即吸烟和高血压两特征组成的#6 结点内涵是重要的，但重要性存在着偏差，超出了用户关心的偏差程度，所以没有被生成。从图 2.5 所示的强加权概念格用户可快速灵敏地提取自己所关心的知识。例如，从#9 中可快速提取自己所关心的吸烟、饮酒、遗传三个因素综合起来易患高血压这一决策知识，从而采取一定的积极措施综合预防该疾病的发生。

#1(123456, ∅, 1)
#4(235, h, 0.24)
#3(1356, d, 0.19)
#2(12346, s, 0.11)
#6(23, sh, 0.18)
#5(136, sd, 0.15)
#8(26, sf, 0.18)
#9(3, sdgh, 0.19)
#10(6, sdf, 0.18)
#11(2, sfh, 0.2)
#12(∅, sdgfh, 1)

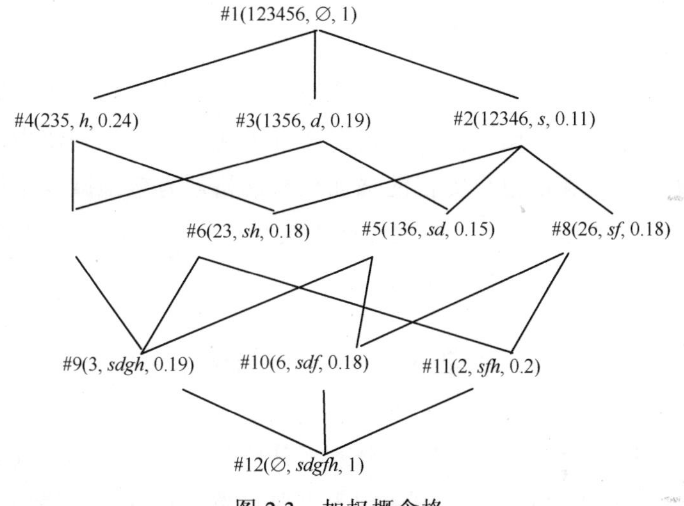

图 2.3　加权概念格

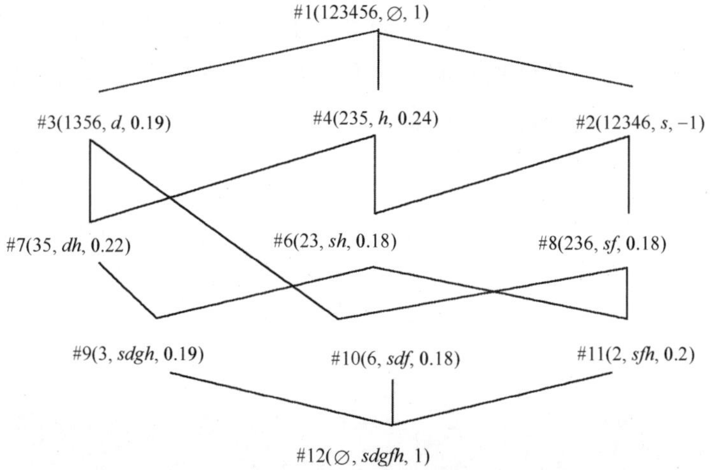

#1(123456, ∅, 1)
#3(1356, d, 0.19)
#4(235, h, 0.24)
#2(12346, s, −1)
#7(35, dh, 0.22)
#6(23, sh, 0.18)
#8(236, sf, 0.18)
#9(3, sdgh, 0.19)
#10(6, sdf, 0.18)
#11(2, sfh, 0.2)
#12(∅, sdgfh, 1)

图 2.4　频繁加权概念格

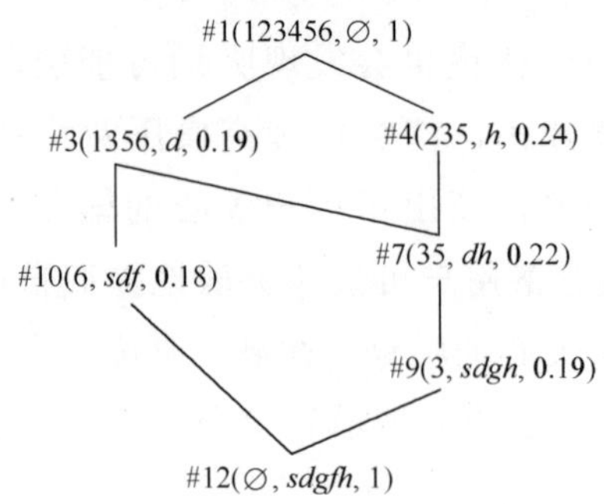

图 2.5 强加权概念格

从该例子可以看出，在缺乏专家先验知识的情况下，利用信息熵自动地获取了形式背景中所隐含的单属性内涵权值；通过内涵重要性偏差值指导了多属性内涵权值的获取，生成满足用户支持的强加权概念格，有效地减少了格结点数，因此，概念格的拓展结构可快速灵敏地提取满足用户需求的知识，并正确指导决策，从而拓广了概念格的理论和应用研究。

2.6 小结

概念格是数据分析与知识提取的有效工具，吸引了不少的研究者。但是在目前的研究中，一般假定概念格的内涵同等重要，然而在现实世界中，组成内涵的属性重要性往往是不同的。本章首先主要介绍了一种基于信息熵和偏差的权值获取方法。其次，由用户设立概念格内涵的最小阈值和偏差阈值，分别定义了两种拓展加权概念格结构：频繁加权概念格和强加权概念格，给出其相应的定理。最后，通过实例分析了两种格结构的特点。

第 3 章　频繁加权概念格的代数结构及其知识提取的完备性

3.1　引　　言

在一般概念格的研究中，往往假设概念格的内涵是同等重要的，从而从形式背景上生成了所有的结点。但是，生成大量的结点，不仅需要消耗大量的存储空间和构造时间，而且需要花费用户更多的时间从整个概念格上提取用户感兴趣的知识。因此，将权值引入概念格的内涵中，对快速提取有用的知识具有一定的价值。由于内涵的权值标识了其重要性，用户不需要考察所有的结点，而只是考察他所关心的结点，因此不需要生成所有的结点，从而节省存储空间和构造时间，而且用户也能很快地提取自己感兴趣的知识。熟悉某个主题领域的一种可选择的方式是用一种结构化的方式表示该领域的知识，并且用一种软件工具去探究所获取的知识[85]，因此文献[30]将权值引入概念格的内涵中，提出了一种新的概念格结构：加权概念格，该结构拓广了一般概念格的结构，具有构造效率高和知识提取的实用性强等特点。

频繁加权概念格是一种依据用户定义的内涵重要性阈值而定义的加权概念格结构，但是在构造频繁加权概念格的过程中，如果结点的内涵重要性值小于用户定义的最小重要性阈值，则该结点就要被删除(不需要生成)。由于该结构是基于用户的感兴趣程度构造的,因此所生成的格结构更加有利于提取用户关心的知识,而且扩展了一般概念格结构。然而，尽管具有这些优点，但是仍然存在一些不足：由于一些要删除的结点可能是其父结点的下确界或者是其子结点的上确界，如果将这些结点删除，就影响了频繁加权概念格结构的完备性[4, 86]。由于概念格结构的完备性主要体现在格中任意结点的上下确界的必然存在，因此，我们将虚概念（结点）引入了加权概念格结构中，以保持每个结点的上下确界的必然存在，进而保证频繁加权概念格是完备的。

3.2 概念格的完备性

定义 3.1[13] 设<M, ≤>是一个偏序集，X是M的子集，M中的元素s满足任意的$\forall h\in X$，都有$s\leqslant h$，则称s是X的一个下界。类似地，若M中的元素s满足$\forall h\in X$都有$s\geqslant h$，则称s是X的一个上界。如果X的所有下界组成的集合(即下界集合)中有最大元素，则称这个结点为X的下确界，记为$\wedge X$。对偶地，上界集合的最小元素称为上确界，记为$\vee X$。如果M中的任意两个元素的上确界和下确界都存在，则称<M, ≤>是一个格，如果对于M的任意子集X，X的上确界和下确界都存在，则称<M, ≤>为完备格。

在文献[13]中，概念格被证明是一个完备格。

引理 3.1[4] 设<$L(G, M, I)$, ≤>是由形式背景K构造的概念格，$X=\{h_j \mid h_j=(A_j, B_j), j\in J\}$为<$L(G, M, I)$, ≤>中的任意结点子集，其中$J$为概念格结点的序号集，$P(h_j)$为结点$h_j\in X$的上界集合，$C(h_j)$是$h_j$的下界集合，则$X$的上界集合super($X$)为$\bigcap_{h_j\in X} P(h_j)$；下界集合sub($X$)为$\bigcap_{h_j\in X} C(h_j)$。

证明：由定义 3.1 可知，$\forall h\in X$，$\forall h'\in \text{super}(X)$，则有$h'$是$h$的上界，即super($X$)中的所有结点都为$X$的上界。假设存在$h''\in$<$L(G, M, I)$, ≤>，$h''$是$X$的上界且$h''\notin\text{super}(X)$，由$h''$是$X$的上界可知$\forall h\in X$，都有$h\leqslant h''$，即$h''\in P(h)$，则与$h''\in\text{super}(X)$，矛盾，所以$h_j\in X$，$X$的上界集合super($X$)为$X$的所有上界集合$P(h_j)$的交集，同理$X$的下界集合sub($X$)为所有下界集合$C(h_j)$的交集。 □

由引理 3.1 可知，概念格中任意结点子集X的上确界为X的上界集合super(X)的最小元素，X的下确界为X的下界集合sub(X)的最大元素。

3.3 虚概念及频繁加权概念格的完备性

在文献[30]中,假设根据用户对属性集的感兴趣程度，定义内涵重要性最小阈值为$\alpha(0\leqslant\alpha\leqslant 1)$，对于形式背景$K_w$上的任意加权概念$h_w=(A, B, w)$，$w=\text{weight}(B)$，若$w\geqslant\alpha$，称$h_w$为频繁加权概念(结点)；否则，称$h_w$为非频繁加权概念(结点)。如果一个加权概念格中的所有概念都是由满足用户定义的所有频繁加权概念组成，则该加权概念格称为频繁加权概念格。可见，FWCL 非常有利于用户快速提取自己感兴趣的知识，而且可以提高构造的效率。但是，在频繁加权概念格的构造中，我们会遇到这样的情况：虽然一些非频繁重要结点的权值小于用户定义的阈值，但是这些结点的内涵可能含有大于阈值的属性特征，因此使得这些非频繁加权结点的父子结点的内涵权值大于阈值，也就是说由这类结点可能会生成频繁的父结点或子结点，如果删除它，它们的父结点和子结点可能将会没有上确界或者下确界，从而不能保证频繁加权概念格结构的完备性。

如图 3.1 所示的是一个由表 2.1 构成的加权概念格，假定阈值α=0.116，按照频繁加权概念格的定义，那么结点#2、#4、#9 和#10 将被删除掉。然而，如果#2 被删除，加权概念格就成为不完备格结构，因为#3 和#12 没有下确界，#6 和#8 没有上确界。

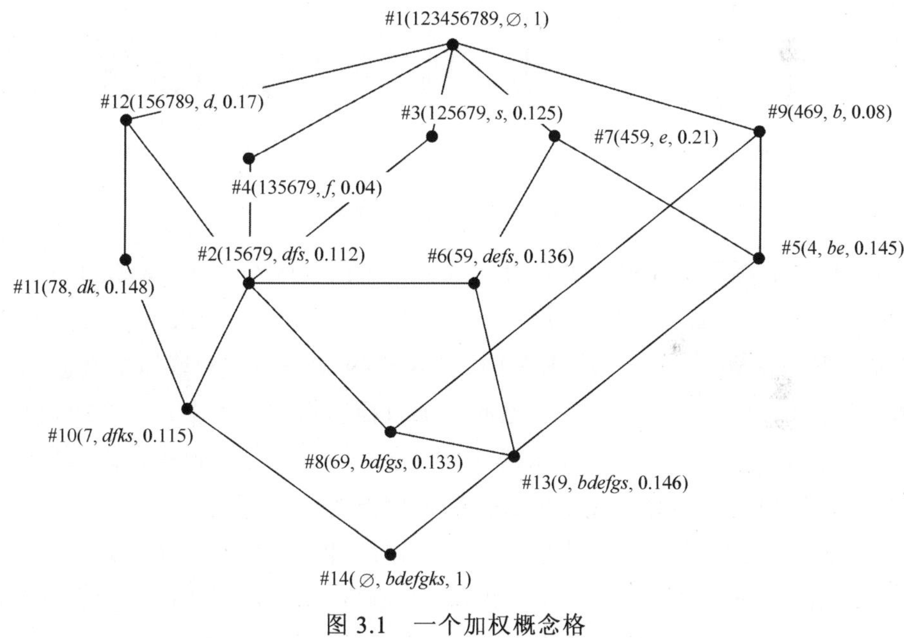

图 3.1　一个加权概念格

为了避免这个不足，我们将虚概念引入了 FWCL 中，以保证 FWCL 结点的上、下确界的存在，即以这样的方式保证格结构的完备性。

3.3.1　虚概念

加权概念格部分结构示意图如图 3.2 所示，图(a)表示了由形式背景 K_w 构造出的部分加权概念格结构，其中 $h_{w1}, h_{w2}, h_{w3}, h_{w4}, h_{w5} \in L_w$，且具有以下偏序关系：$h_{w1}$、$h_{w2}$ 为 h_{w3} 的父结点，h_{w4}、h_{w5} 为 h_{w3} 的子结点，且 h_{w1}、h_{w2} 无偏序关系，h_{w4}、h_{w5} 无偏序关系。则 h_{w3} 为 h_{w1}、h_{w2} 的下确界，同时，h_{w3} 又为 h_{w4}、h_{w5} 的上确界。

如果 h_{w3} 为非频繁结点，h_{w1}、h_{w2}、h_{w4} 和 h_{w5} 为频繁结点，按照文献[30]中频繁加权概念格的格结构定义，h_{w3} 为非频繁结点不生成，则形成的格结构应为图 3.2(b)这样的频繁加权概念格结构，此时，h_{w4} 和 h_{w5} 不存在上确界，h_{w1} 和 h_{w2} 也不存在下确界，图(b)不是一个完备格结构。为了保证频繁加权概念格是一个完备格，确保上、下确界存在，在频繁加权概念格的构造过程中，通过保留 h_{w3} 结点，以保证格结构是一个完备格，如图 3.2(c)所示。

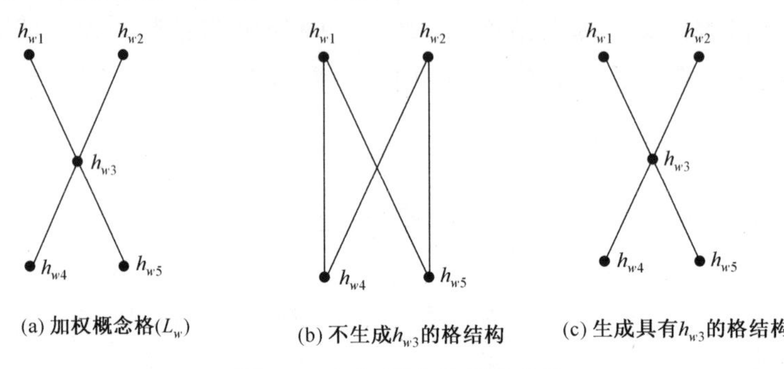

图 3.2　加权概念格部分结构

对于任意非频繁加权概念 h_w=(A, B, w)，如果对于 $\forall m \in B$，weight$(m) < \alpha$，则称 h_w 为纯非频繁加权概念(结点)，否则如果存在 $m \in B$，weight$(m) \geqslant \alpha$，则称 h_w 为非频繁加权概念。例如，在图 3.1 中，#4 和#9 就是纯非频繁加权概念(结点)，#2 和#10 是非频繁加权概念。在构造频繁加权概念格的过程中，一个纯非频繁加权概念(结点)能够被删除，而非频繁加权概念(结点)应该被保留，因为它可能含有一些重要的属性。为此，在下面我们引入虚概念。

定义 3.2　设 L_w 为由形式背景 K_w 构造出的加权概念格，Top=$(G, f(G), w_1)$是 L_w 的最顶结点，Bott=$(g(M), M, w_2)$是 L_w 的最底结点。对任意的非频繁重要概念 h_w=(A, B, w)，而且 $h_w \neq$Top，$h_w \neq$Bott,

(1)如果 Parent(h_w)(Child(h_w))是一个最顶(底)结点，那么 h_w 被称为一个次顶(底)概念。如图 3.3(a)所示，h_w 是一个次顶概念；如图 3.3(b)所示，h_w 是一个次底概念。

(2)如果 Parent(h_w)(Child(h_w))不是一个最顶(底)结点，

①Parent(h_w)(Child(h_w))所有概念都是次顶(底)概念，并且频繁加权概念 Parent(h_w)(Child(h_w))的总数不小于 2，那么 h_w 被称为父虚概念(子虚概念)。

如图 3.4 所示，t_1, t_2, …, t_n 是 Parent(h_w)(Child(h_w))概念，其中有超过两个的频繁加权概念[在图 3.4(a)中 h_w 是一个父虚概念，在图 3.4(b)中 h_w 是一个子虚概念]。

②Parent(h_w)(Child(h_w))一些概念是次顶(底)概念，而且如果 Parent(h_w)频繁加权概念和父虚概念(子虚概念)不少于 2，那么 h_w 被称为父虚概念(子虚概念)。

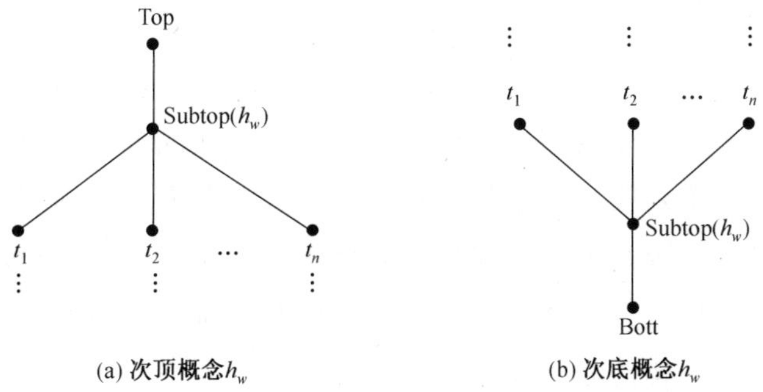

图 3.3　次顶/底概念示意图

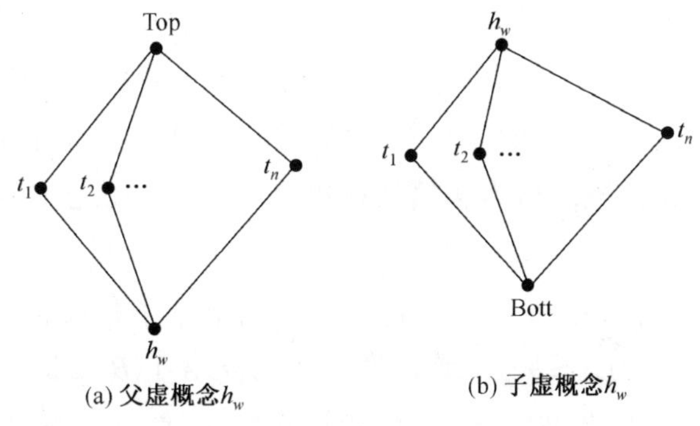

图 3.4　父虚/子虚概念 h_w 示意图 1

如图 3.5 所示，$t_1, t_2, \cdots, t_n$ 是 Parent(h_w)(Child(h_w))概念，h'_w 是一个父虚概念(子虚概念)，其中有超过 2 个以上的频繁加权概念和父虚概念(子虚概念)[在图 3.5(a)中 h_w 是一个父虚概念，在图 3.5(b)中，h_w 是一个子虚概念]。

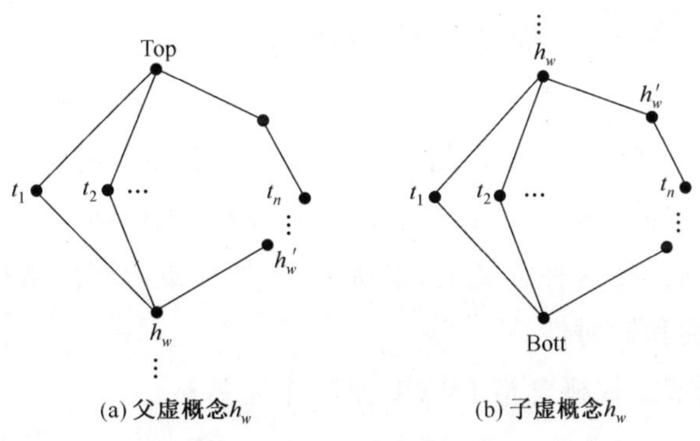

图 3.5　父虚/子虚概念示意图 2

如果 h_w 既是父虚概念，又是子虚概念，那么 h_w 被称为虚概念(结点)，虚概念的内涵权值定义为–1；即如果 h_w 是一个虚概念，那么 weight$(B)= -1$，否则，h_w 称为一个非虚概念(结点)。

由定义 3.2 可知，我们利用递归的方式定义了子虚概念和父虚概念，由于概念格的最底元素和最顶元素都只有一个结点，所以次底(次顶)概念不可能是子虚(父虚)概念。虚概念是我们定义的一种特殊的加权概念，它的引入是保证 FWCL 的格结构的完备性。因为在频繁加权概念格中，如果没有虚概念，则可能出现这些虚概念的子结点集没有上确界，父结点集没有下确界的情况，从而无法保证频繁加权概念格的格结构的完备性。

3.3.2 频繁加权概念格的完备性

在文献[30]的基础上，通过添加虚概念给出如下频繁加权概念格的定义。

定义 3.3 设 L_w 是 K_w 上的一个加权概念格，如果格中每个概念是频繁加权概念或者虚概念，该加权概念格为频繁加权概念格，记为 $<L_{fw}(G, M, I, W), \leqslant>$，简记为 L_{fw}。

定义 3.4 设 $h_{w1}, h_{w2}, h_{w3} \in L_{fw}$，$h_{w1}$ 是 h_{w2} 的频繁子孙概念，h_{w2} 是 h_{w1} 的频繁祖先概念，当且仅当 $h_{w1} \leqslant h_{w2}$，或者等价地 $(A_1 \subseteq A_2)(B_1 \supseteq B_2)$。如果不存在 h_{w3} 使得 $h_{w1} \leqslant h_{w3} \leqslant h_{w2}$，则称 h_{w2} 为 h_{w1} 的频繁父概念(直接频繁前驱)，h_{w1} 称为 h_{w2} 的频繁子概念(直接频繁后继)。

假定 α =0.116，那么由表 2.1 构造的 FWCL 如图 3.6 所示。

从该实例可以看到，图 3.1 中的结点#2、#4、#9 和#10 的内涵重要性阈值小于用户提供的偏好阈值，所以应该被删除掉。结点#4 和#9 是纯非频繁概念，结点#10 是父虚概念，这些结点都不可能影响概念格的完备性，所以把这些结点删除掉。然而，结点#2 是一个虚概念，应该被保存以确保格结构的完备性(结点#2 的内涵权值被赋值–1，在提取知识的时候，我们不需要考虑它)。很明显地，由于该结构是按照用户的偏好建立的，FWCL 不仅减少了格结点数和边数，而且保持了格结构的完备性。在这种意义上(本质上)，加权概念格的结构不仅结构简单，而且更具有实用性和针对性。

定理 3.1 频繁加权概念格 FWCL 是一个完备格。

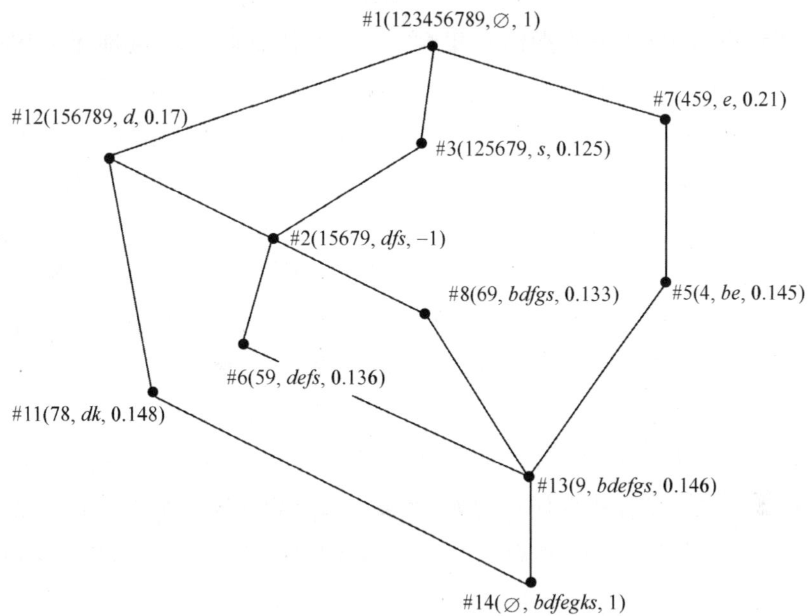

图 3.6　频繁加权概念格

证明：设由形式背景 K_w 构造出的加权概念格为 L_w、频繁加权概念格为 L_{fw}，$X=\{h_{wj} \mid h_{wj}=(A_j, B_j, w_j), j\in J\}$为 L_{fw} 中的任意结点子集，其中，$J=\{1, \cdots, |L_{fw}|\}$ 为频繁加权概念格的结点索引集，$|L_{fw}|$为 L'_{fw} 中的结点数。对于任意的 h_w，$h_w\in X$，如果不存在 h'_w，$h'_w\in X$，$h'_w\neq h_w$，使得 $h'_w\leqslant h_w$($h'_w\geqslant h_w$)，则称 h_w 为 X 中的极小(极大)元素结点。设 X 的上界集合 super(X)中极小元素结点集为 Min$P$(X)，X 的下界集合 sub(X)中极大元素结点集为 Max$C$(X)，由定义 3.1 和引理 3.1 可知，要证明频繁加权格是完备格，即证明 Min$P$(X)和 Max$C$(X)中的结点个数唯一(存在和唯一)。根据 X 中的结点个数，可分为以下两种情况。

(1)若 X 中只有一个结点 h_w，很显然，$\wedge X=h_w$ 为 X 的下确界，$\vee X=h_w$ 为 X 的上确界；

(2)若 X 中有多个(≥2)结点，根据 X 中结点之间的关系，又分为两种情况：

① X 中任意两个结点存在偏序关系，即对于任意的 $h_{w1}, h_{w2}, \cdots, h_{wx}\in X$，都存在偏序关系，由序关系的传递性可知，$X$ 是线序的。假设 $h_{w1}\leqslant h_{w2}\leqslant h_{w3}\cdots\leqslant h_{wi}\cdots\leqslant h_{wx}$，则 $\wedge X=h_{w1}$ 为 X 的下确界，$\vee X=h_{wx}$ 为 X 的上确界。

② X 中的部分结点存在偏序关系，由①可知，具有偏序关系的结点集的下确界为最小元素结点，上确界为该结点集中的最大元素结点。

设 XM 为 X 中极大元素结点集合，且 XM 中任意两个结点都无偏序关系，

同样假设 XN 为 X 中极小元素结点集合，XN 中任意两个结点都无偏序关系。由引理 3.1 可知，XM 的上确界即为 X 的上确界，XN 的下确界就是 X 的下确界，所以要证明 X 的上确界存在和 X 的下确界存在，只要证明 XM 的上确界存在和 XN 的下确界存在即可（在 X 中挑选其极大结点，通过判断其上确界来决定 X 的上确界）。

如果 $XM(XN)$ 的结点个数为 1，则该结点为 $XM(XN)$ 的上（下）确界。

如果 $XM(XN)$（≥2）的结点个数大于等于 2，由于频繁加权概念格的最顶结点和最底结点的存在，所以 $\mathrm{Min}P(XM)$ 和 $\mathrm{Max}C(XN)$ 不可能为空。

假设 $\mathrm{Min}P(XM)$ 的结点个数大于等于 2，由于加权概念格是一般概念格的扩展，而一般概念格为完备格[13]，所以加权概念格也是完备格，因此在加权概念格中必然存在一个结点 h_w，使得任意的 h_{wj} 和 h'_{wj}，$h_{wj}\in XM\subseteq L_w$，$h'_{wj}\in \mathrm{Min}P(XM)\subseteq L_w$，有 $h_{wj}\leqslant h_w\leqslant h'_{wj}$ 成立（如果 h_w 不存在，由于 XM 的结点个数大于等于 2，$\mathrm{Min}P(XM)$ 的结点个数大于等于 2，则 XM 无上确界，$\mathrm{Min}P(XM)$ 无下确界，与加权概念格是完备格矛盾）。

因为 h_w 在加权概念格里存在，而且 h_w 的上界集合 $\mathrm{Min}P(XM)$ 和下界集合 XM 的结点个数都大于等于 2，所以该结点在频繁加权概念格中必然存在（由定义 3.2 可知，h_w 为频繁概念或者虚概念）。由 $h_{wj}\leqslant h_w$，得 h_w 为 XM 的上界，而且由 $h_w\leqslant h'_{wj}$ 得 h_w 为 XM 的上确界，即 $\mathrm{Min}P(XM)=\{h_w\}$，与 $\mathrm{Min}P(XM)$ 结点的个数大于等于 2 相矛盾，所以此时 XM 的上确界是存在的，即 X 的上确界存在。

同样地，我们可以证明 XN 的下确界存在，即 X 的下确界也存在，因此频繁加权概念格是一个完备格。 □

例 3.1　图 3.6 中，假定 X={#3, #2, #8, #13}，则有 $\vee X$=#3，$\wedge X$=#13。如果 X={#2, #6, #8, #13}，XM={#6, #8}，则有 $\mathrm{Min}P(XM)$={#2}，$\vee X$=#2，XN={#6, #8}，$\mathrm{Max}C(XN)$={#13}，$\wedge X$=#13。

定理 3.2 设 L_{fw} 是由形式背景 K_w 构造的一个频繁加权概念格，α为用户设定的内涵权值阈值，如果 M 中的每个单属性的权值都大于等于α，则频繁加权概念格退化为一般加权概念格。

证明：当 M 中的每个单属性的权值都大于等于α时，由于概念结点的内涵都是由单属性组成的，所以每个加权概念的内涵权值也都大于阈值，即全部结点都为频繁结点，也就是所有加权概念结点全部要生成，因此，频繁加权概念格退化为一般加权概念格。 □

3.4　频繁加权概念格的代数结构

本节将为加权概念格的应用提供一个理论基础，给出 FWCL 一些定义，并研究 FWCL 的一些基本性质。

3.4.1　相关定义及算子

定义 3.5[4]　设 J 为 FWCL 结点的序号集，L_{fw} 中的最大元素 Sup′和最小元素 Inf′定义为

$$\mathrm{Sup}' = \bigvee_{j\in J}(A_j,B_j,w_j) = \begin{cases} ((\bigcap_{j\in J} B_j)', \bigcap_{j\in J} B_j, \mathrm{weight}(\bigcap_{j\in J} B_j)), & \text{if weight}(\bigcap_{j\in J} B_j) \geqslant \alpha \\ ((\bigcap_{j\in J} B_j)', \bigcap_{j\in J} B_j, 1), & \text{if weight}(\bigcap_{j\in J} B_j) < \alpha \end{cases}$$

$$\mathrm{Inf}' = \bigwedge_{j\in J}(A_j,B_j,w_j) = \begin{cases} (\bigcap_{j\in J} A_j, (\bigcap_{j\in J} A_j)', \mathrm{weight}((\bigcap_{j\in J} A_j)')), & \text{if weight}((\bigcap_{j\in J} A_j)') \geqslant \alpha \\ (\bigcap_{j\in J} A_j, (\bigcap_{j\in J} A_j)', 1), & \text{if weight}((\bigcap_{j\in J} A_j)') < \alpha \end{cases}$$

假定 $h_w=(A, B, w)$ 是最大元素，如果 $B\neq\varnothing$ 并且 weight$(B)\geqslant\alpha$，h_w 被视作最大元素，否则 weight$(B)<\alpha$，h_w 不是一个频繁结点。为确保最大元素的必然存在，并且与一般虚概念的区别，设其权值 $w=1$，h_w 仍然视为最大元素，最小元素的定义同样如此。

特殊地，定义 weight$(\varnothing)=1$，在 FWCL 中，Sup′和 Inf′被当作频繁结点。

定理 3.3　设 L_{fw} 是形式背景 K_w 上的一个频繁加权概念格，Inf′和 Sup′是该频繁加权概念格上的最小元素和最大元素，那么 Inf′和 Sup′$\in L_{\mathrm{fw}}$，而且 Inf′和 Sup′都是唯一的。

证明： 设 Sup′$=(A, B, w)$。

(1) 存在性。由定义 2.1 可知，$f(A)=B$, $g(B)=A$，$w=$weight(B)，所以 (A, B, w) 是加权概念。由定义 3.5，当 $w\geqslant\alpha$，Sup′为频繁加权概念，当 $w<\alpha$ 时，$w=1\geqslant\alpha$，Sup′也为频繁加权概念，所以由定义 3.3 可得，Sup′$=(A, B, w)\in L_{\mathrm{fw}}$。

(2) 唯一性。设 J 为频繁加权概念格结点的序号集，由定义 3.5 可得，$B=\bigcap_{j\in J} B_j$，而且由 $\bigcap_{j\in J} B_j$ 的唯一性，可得 B 是唯一的，所以 $(g(B), B, w=\mathrm{weight}(B))$ 也是唯一的，即 Sup′是唯一的。

同理可得 $\mathrm{Inf}'\in L_{\mathrm{fw}}$ 且 Inf' 也是唯一的。 □

定义 3.6 设 L_{fw} 是形式背景 K_w 上的一个频繁加权概念格，结点集合 $A\subseteq L_{\mathrm{fw}}$，若存在 h_w，$h_w\in L_{\mathrm{fw}}$，使得对于任意的 h'_w，$h'_w\in A$，都有 $h_w\leqslant h'_w$，则称 h_w 是 A 的一个频繁下界。对偶地，若存在 h_w，$h_w\in L_{\mathrm{fw}}$，使得对于任意的 h'_w，$h'_w\in A$，都有 $h_w\geqslant h'_w$，则称 h_w 是 A 的一个频繁上界。那么，A 的所有频繁下界组成的集合中的最大元素称为 A 的频繁下确界。类似地可证，频繁上界集合中的最小元素称为 A 的频繁上确界。

定义 3.7 设 L_{fw} 是形式背景 K_w 上的一个频繁加权概念格，任意的 h_{w1} 和 h_{w2}，h_{w1}，$h_{w2}\in L_{\mathrm{fw}}$，则 L_{fw} 上的 $\wedge$ 算子定义为：$h_{w1}\wedge h_{w2}$ 为 h_{w1} 和 h_{w2} 的最大频繁下界(频繁下确界)，$\vee$ 算子定义为：$h_{w1}\vee h_{w2}$ 为 h_{w1} 和 h_{w2} 的最小频繁上界(频繁上确界)。

定义 3.8 设 L_{fw} 是形式背景 K_w 上的一个频繁加权概念格，则称三元组 $<L_{\mathrm{fw}},\wedge,\vee>$ 为频繁加权概念格的代数结构，记为 V。

3.4.2 代数性质

设 L_{fw} 是形式背景 K_w 上的一个频繁加权概念格，V 是 L_{fw} 上的代数结构，下面给出它的一些有趣的代数性质。

性质 3.1 对于任意的 h_{w1}、h_{w2} 和 h_{w3}，$h_{w1}, h_{w2}, h_{w3}\in L_{\mathrm{fw}}$，如果 $h_{w2}\leqslant h_{w3}$，则有 $h_{w1}\vee h_{w2}\leqslant h_{w1}\vee h_{w3}$ 和 $h_{w1}\wedge h_{w2}\leqslant h_{w1}\wedge h_{w3}$。

证明： 由定义 3.7 可得，$h_{w1}\leqslant h_{w1}\vee h_{w3}$，即 $h_{w1}\vee h_{w3}$ 为 h_{w1} 最小频繁上界；由于 $h_{w2}\leqslant h_{w3}$，则 $h_{w2}\vee h_{w3}=h_{w3}$，h_{w3} 为 h_{w2} 的最小频繁上界，而且，由 $h_{w3}\leqslant h_{w3}\vee h_{w1}$ 可得 $h_{w3}\vee h_{w1}$ 也为 h_{w2} 的最小频繁上界，而且 $h_{w3}\vee h_{w1}=h_{w1}\vee h_{w3}$，所以 $h_{w1}\vee h_{w3}$ 为 $h_{w1}\vee h_{w2}$ 的最小频繁上界，即 $h_{w1}\vee h_{w2}\leqslant h_{w1}\vee h_{w3}$，同理可证明 $h_{w1}\wedge h_{w2}\leqslant h_{w1}\wedge h_{w3}$，得证。 □

性质 3.1 说明频繁加权概念格具有保序性。

例 3.2 在图 3.6 中，设 h_{w1}=#11，h_{w2}=#13，h_{w3}=#6，则有#13≤#6，#11∨#13=#12，#11∨#6=#12，那么#11∨#13≤#11∨#6。

性质 3.2 对于任意的 h_{w1} 和 h_{w2}，$h_{w1}=(A_1, B_1, w_1)$ 和 $h_{w2}=(A_2, B_2, w_2)$，h_{w1}，$h_{w2}\in L_{\mathrm{fw}}$，那么 h_{w1} 和 h_{w2} 必有频繁上、下确界且 $h_{w1}\wedge h_{w2}$ 为 h_{w1} 和 h_{w2} 的频繁下确界，$h_{w1}\vee h_{w2}$ 为 h_{w1} 和 h_{w2} 的频繁上确界。

证明：

(1) $h_{w1} \leqslant h_{w2}$，则有 h_{w2} 为 h_{w1} 和 h_{w2} 的频繁上确界，h_{w1} 为 h_{w1} 和 h_{w2} 的频繁下确界。

(2) $h_{w1} \geqslant h_{w2}$，则有 h_{w1} 为 h_{w1} 和 h_{w2} 的频繁上确界，h_{w2} 为 h_{w1} 和 h_{w2} 的频繁下确界。

(3) $B_1 \cap B_2 \neq B_1$，即 h_{w1} 和 h_{w2} 之间不存在偏序关系，以频繁上确界为例，设 P_1 为 h_{w1} 的频繁上界集，P_2 为 h_{w2} 的频繁上界集，$h_{w3}=(g(B_1 \cap B_2), B_1 \cap B_2, \text{weight}(B_1 \cap B_2))$：

① 若 $\text{weight}(B_1 \cap B_2) \geqslant \alpha$，由定义 2.1 可得，$f(g(B_1))=B_1$，$f(g(B_2))=B_2$，$B_1 \cap B_2 = f(g(B_1)) \cap f(g(B_2))=f(g(B_1) \cup g(B_2))=f(g(B_1 \cap B_2))$，所以 h_{w3} 为频繁加权概念且 h_{w3} 为 h_{w1} 和 h_{w2} 的频繁上确界。

假设存在 $h_{w4}=(A_4, B_4, w_4) \in P_1 \cap P_2$，使得 $h_{w4} \leqslant h_{w3}$，则 $h_{w4} \geqslant h_{w1}$ 且 $h_{w4} \geqslant h_{w2}$，则 $B_4 \subseteq B_1$，$B_4 \subseteq B_2$，$B_4 \subseteq B_1 \cap B_2$；而且由于 $h_{w4} \leqslant h_{w3}$ 得 $B_4 \supseteq B_1 \cap B_2$，所以 $h_{w4}= h_{w3}$，即 $h_{w3}=h_{w1} \vee h_{w2}$ 为 h_{w1} 和 h_{w2} 的频繁上确界且是唯一的。

例 3.3　在图 3.6 中，设 h_{w1}=#6，h_{w2}=#11，$B_1=defs$，$B_2=dk$，$\text{weight}(B_1 \cap B_2)=\text{weight}(d) > \alpha$，则有 h_{w3}=#12=$(156789, d, 0.17)=h_{w1} \vee h_{w2}$，即 h_{w3} 是 h_{w1} 和 h_{w2} 的频繁上确界(最小上界)。

② 若 $\text{weight}(B_1 \cap B_2)=-1$，$h_{w3}$ 作为虚概念，同①的证明。

例 3.4　在图 3.6 中，设 h_{w1}=#6，h_{w2}=#8，$B_1=defs$，$B_2= bdfgs$，$\text{weight}(B_1 \cap B_2)= \text{weight}(dfs) =-1$，则有 h_{w3}=#2=$(15679, dfs, -1)= h_{w1} \vee h_{w2}$，即 h_{w3} 是 h_{w1} 和 h_{w2} 的频繁上确界。

③ 若 $\text{weight}(B_1 \cap B_2) \leqslant \alpha$ 且 $\text{weight}(B_1 \cap B_2) \neq -1$，则在 $P_1 \cap P_2$ 中必存在 $h_{w4}=(A_4, B_4, w_4)$，使得 $B_4 \subseteq B_1 \cap B_2$，$\text{weight}(B_4) \geqslant \alpha$ 且 h_{w4} 是 $P_1 \cap P_2$ 的最小元素。由于加权概念格的格结构的完备性以及频繁加权概念格中虚概念的存在，所以 h_{w4} 必然是唯一的，此时 $h_{w4}=h_{w1} \vee h_{w2}$ 为 h_{w1} 和 h_{w2} 的频繁上确界。

例 3.5　在图 3.6 中，设 h_{w1}=#5，h_{w2}=#8，$B_1=be$，$B_2=bdfgs$，$\text{weight}(B_1 \cap B_2)=\text{weight}(b)=0.08 \leqslant \alpha$ 且 $\text{weight}(b) \neq -1$，有 P_1={#7, #1}是 h_{w1} 的频繁上界集，且 P_2= {#2, #3, #1}是 h_{w2} 的频繁上界集，则有 $P_1 \cap P_2$={#1}，$\varnothing \subseteq B_1 \cap B_2$，$\text{weight}(\varnothing)=1 > \alpha$，$h_{w4}$=#1=$(123456789, \varnothing, 1)= h_{w1} \vee h_{w2}$，即 h_{w4} 是 h_{w1} 和 h_{w2} 的频繁上确界。同理，可证明 $h_{w1} \wedge h_{w2}$ 是 h_{w1} 和 h_{w2} 的频繁下确界。

该性质表明频繁加权概念格是一种完备格结构。

性质 3.3 算子∨和∧是封闭的，即对于任意的 h_{w1} 和 h_{w2}，$h_{w1}, h_{w2} \in L_{fw}$，有 $h_{w1} \vee h_{w2} \in L_{fw}$ 和 $h_{w1} \wedge h_{w2} \in L_{fw}$ 成立。

证明：对于任意的 h_{w1} 和 h_{w2}，$h_{w1}, h_{w2} \in L_{fw}$，根据性质 3.2，可以得出 $h_{w1} \vee h_{w2}$ 是 h_{w1} 和 h_{w2} 的频繁上确界，由于频繁上确界必然存在和它的唯一性，所以 $h_{w1} \vee h_{w2} \in L_{fw}$。

同样，可以证明 $h_{w1} \wedge h_{w2} \in L_{fw}$。 □

性质 3.4 算子∨和∧满足交换律、幂等律和吸收律。

(1) 交换律，即对于任意的 h_{w1} 和 h_{w2}, $h_{w1}, h_{w2} \in L_{fw}$，有 $h_{w1} \vee h_{w2} = h_{w2} \vee h_{w1}$ 和 $h_{w1} \wedge h_{w2} = h_{w2} \wedge h_{w1}$。

证明：频繁加权概念格中的任意两个元素 h_{w1} 和 h_{w2} 的频繁下确界(频繁上确界)等于 h_{w2} 和 h_{w1} 的频繁下确界(频繁上确界)，故∨和∧满足交换律。

(2) 幂等律，即对于任意的 h_w, $h_w \in L_{fw}$，$h_w \vee h_w = h_w$ 和 $h_w \wedge h_w = h_w$。

证明：由性质 3.2 可得，$h_w \leqslant h_w \vee h_w$。而且又由于 $h_w \leqslant h_w$，所以可得 $h_w \vee h_w \leqslant h_w$，所以得出 $h_w \vee h_w = h_w$，同理可证 $h_w \wedge h_w = h_w$，即∨和∧满足幂等律。

(3) 吸收律，即对于任意的 h_{w1}、h_{w2} 和 h_{w3}, $h_{w1}, h_{w2}, h_{w3} \in L_{fw}$，有 $h_{w1} \wedge (h_{w1} \vee h_{w2}) = h_{w1}$，$h_{w1} \vee (h_{w1} \wedge h_{w2}) = h_{w1}$。

证明：由性质 3.2 可得：$h_{w1} \leqslant h_{w1} \wedge (h_{w1} \vee h_{w2})$，由 $h_{w1} \leqslant h_{w1}$ 且 $h_{w1} \vee h_{w2} \leqslant h_{w1}$ 可知 $h_{w1} \wedge (h_{w1} \vee h_{w2}) \leqslant h_{w1}$，因此 $h_{w1} \wedge (h_{w1} \vee h_{w2}) = h_{w1}$，同理可证 $h_{w1} \vee (h_{w1} \wedge h_{w2}) = h_{w1}$，满足吸收律。 □

性质 3.5 算子∧和∨满足可结合性，即对于任意的 h_{w1}、h_{w2} 和 h_{w3}，$h_{w1}, h_{w2}, h_{w3} \in L_{fw}$，有 $(h_{w1} \vee h_{w2}) \vee h_{w3} = h_{w1} \vee (h_{w2} \vee h_{w3})$ 和 $(h_{w1} \wedge h_{w2}) \wedge h_{w3} = h_{w1} \wedge (h_{w2} \wedge h_{w3})$。

证明：由定义 3.7 可得，$h_{w2} \leqslant h_{w2} \vee h_{w3} \leqslant h_{w1} \vee (h_{w2} \vee h_{w3})$ 和 $h_{w1} \leqslant h_{w1} \vee (h_{w2} \vee h_{w3})$。因此，可以得出 $h_{w1} \vee h_{w2} \leqslant h_{w1} \vee (h_{w2} \vee h_{w3})$；而且又由于 $h_{w3} \leqslant h_{w2} \vee h_{w3} \leqslant h_{w1} \vee (h_{w2} \vee h_{w3})$，所以可得 $(h_{w1} \vee h_{w2}) \vee h_{w3} \leqslant h_{w1} \vee (h_{w2} \vee h_{w3})$。同理，可得 $h_{w1} \vee (h_{w2} \vee h_{w3}) \leqslant (h_{w1} \vee h_{w2}) \vee h_{w3}$。因此，$h_{w1} \vee (h_{w2} \vee h_{w3}) = (h_{w1} \vee h_{w2}) \vee h_{w3}$。

同理可证 $(h_{w1} \wedge h_{w2}) \wedge h_{w3} = h_{w1} \wedge (h_{w2} \wedge h_{w3})$。 □

例 3.6 在图 3.6 中，设 h_{w1}=#11，h_{w2}=#13，h_{w3}=#6，则有(#11∨#13)∨#6=#12∨#6=#12，#11∨(#13∨#6)= #11∨#6=#12，即(#11∨#13)∨#6=#11∨(#13∨#6)。

性质 3.6 算子∧和∨满足分配不等式，即对于任意的 h_{w1}、h_{w2} 和 h_{w3}, $h_{w1}, h_{w2}, h_{w3} \in L_{fw}$，都满足：$h_{w1} \vee (h_{w2} \wedge h_{w3}) \leqslant (h_{w1} \vee h_{w2}) \wedge (h_{w1} \vee h_{w3})$，$h_{w1} \wedge (h_{w2} \vee h_{w3}) \leqslant (h_{w1} \wedge h_{w2}) \vee (h_{w1} \wedge h_{w3})$。

证明：由性质 3.2 可得

(1) $h_{w1} \leqslant h_{w1} \vee h_{w2}$, $h_{w2} \wedge h_{w3} \leqslant h_{w2} \leqslant h_{w1} \vee h_{w2} => h_{w1} \vee (h_{w2} \wedge h_{w3}) \leqslant h_{w1} \vee h_{w2}$

(2) $h_{w1} \leqslant h_{w1} \vee h_{w3}$, $h_{w2} \wedge h_{w3} \leqslant h_{w3} \leqslant h_{w1} \vee h_{w3} => h_{w1} \vee (h_{w2} \wedge h_{w3}) \leqslant h_{w1} \vee h_{w3}$

根据 (1) 和 (2) 得出 $h_{w1} \vee (h_{w2} \wedge h_{w3})$ 是 $h_{w1} \vee h_{w2}$ 和 $h_{w1} \vee h_{w3}$ 的下界，因此，$h_{w1} \vee (h_{w2} \wedge h_{w3}) \leqslant (h_{w1} \vee h_{w2}) \wedge (h_{w1} \vee h_{w3})$

同理可证 $h_{w1} \wedge (h_{w2} \vee h_{w3}) \leqslant (h_{w1} \wedge h_{w2}) \vee (h_{w1} \wedge h_{w3})$，所以满足分配不等式。

□

性质 3.7 设 V 为频繁加权概念格代数结构，则 Sup′为 V 中关于∨的零元，Inf′为 V 中关于∧的零元。

证明：由定义 3.4、定义 3.6 和性质 3.2 可知：对于任意的 h_w，$h_w \in L_{\text{fw}}$，$\text{Inf}' \leqslant h_w \leqslant \text{Sup}'$。由性质 3.4 可知：$h_w \vee \text{Sup}' = \text{Sup}' \vee h_w = \text{Sup}'$，即 Sup′既为∨的左零元又为∨的右零元，所以 Sup′为 V 中关于∨的零元。同理可证，Inf′为 V 中关于∧的零元。 □

注：该性质表明对于代数结构 V，最大元素 Sup′是关于算子∨的零元素，最小元素 Inf′是关于算子∧的零元素。

例 3.7 设 V 是针对图 3.6 格中的代数结构，#1 是关于算子∨的零元，#14 是关于算子∧的零元。

性质 3.8 设 V 为频繁加权概念格的代数结构，则 Inf′为 V 中关于∨的幺元，Sup′为 V 中关于∧的幺元。

证明：由定义 3.5 和定理 3.3 可知：对于任意的 h_w，$h_w \in L_{\text{fw}}$，$\text{Inf}' \leqslant h_w \leqslant \text{Sup}'$。由性质 3.3 和性质 3.4 可知：$h_w \vee \text{Inf}' = \text{Inf}' \vee h_w = h_w$，即 Inf′既为∨的左幺元又为∨的右幺元，所以 Inf′为 V 中关于∨的幺元。同理可证，Sup′为 V 中关于∧的幺元。 □

例 3.8 设 V 是关于图 3.6 格中的代数结构，#14 是关于算子∨的幺元，#1 是关于算子∧的幺元。

性质 3.9 设 V 为频繁加权概念格的代数结构，则 V 是半群。

证明：由性质 3.5 可知，由于 V 对于∨和∧算子都满足结合性，所以 V 是半群。 □

性质 3.10 设 V 为频繁加权概念格的代数结构，则 V 是独异点。

证明：由性质 3.9 可知，V 是半群，又由性质 3.8 可以得知，V 中对于∨和∧都有幺元，所以 V 是独异点。 □

3.5 频繁加权概念格知识提取的完备性

定理 3.4 频繁加权概念格提取的知识是完备的。

证明： 设由形式背景 K_w 构造的加权概念格为 L_w，频繁加权概念格为 L_{fw}。

(1) 对任意的 h_{w1} 和 h_{w2}，$h_{w1}, h_{w2} \in L_w$，假定 $\mathrm{weight}(B_1) \geqslant \alpha$，$\mathrm{weight}(B_2) \geqslant \alpha$，$h_{w2}$ 是 h_{w1} 的父结点，则有 $h_{w1}, h_{w2} \in L_{fw}$, h_{w2} 是 h_{w1} 的父结点。

由定义 3.3 可知，$h_{w1}, h_{w2} \in L_{fw}$。由于 h_{w2} 是 h_{w1} 的父结点，由定义 2.2 可得，不存在 $h_{w3} \in L_w$ 使得 $h_{w1} \leqslant h_{w3} \leqslant h_{w2}$。假设存在 $h_{w3} \in L_{fw}$，使得 $h_{w1} \leqslant h_{w3} \leqslant h_{w2}$，那么由定义 3.3 可得 $h_{w3} \in L_w$ 和 $h_{w1} \leqslant h_{w3} \leqslant h_{w2}$，这与不存在 $h_{w3} \in L_w$ 使得 $h_{w1} \leqslant h_{w3} \leqslant h_{w2}$ 成立矛盾。所以，在频繁加权概念格中 h_{w2} 也是 h_{w1} 的父结点。

(2) 证明频繁加权概念格提取出的知识包含于一般加权概念格提取出的用户感兴趣的知识，对任意的 h_{w1} 和 h_{w2}，h_{w1}，$h_{w2} \in L_{fw}$，由定义 3.2，易得 h_{w1}，$h_{w2} \in L_w$。

(i) h_{w1} 与 h_{w2} 是频繁父子关系，由定义 2.2 和定义 3.3，在一般加权概念格中，h_{w1} 与 h_{w2} 必然是父子关系或者祖孙关系。

若 h_{w1} 与 h_{w2} 是父子关系，则从频繁加权概念格与一般加权概念格提取的知识相同；若 h_{w1} 与 h_{w2} 是祖孙关系，对任意的 $h_{w3} \in L_w$，$h_{w1} \geqslant h_{w3} \geqslant h_{w2}$，可得 h_{w3} 是非频繁概念而且不是虚概念，从 h_{w1} 与 h_{w2} 提取的知识是从 h_{w1}、h_{w2} 和 h_{w3} 中提取的知识中用户感兴趣的知识。

(ii) h_{w1} 与 h_{w2} 不是频繁父子关系，则：

① 假定 h_{w1} 与 h_{w2} 是频繁祖孙关系，则由定义 2.2 和定义 3.3，在一般加权概念格中，h_{w1} 与 h_{w2} 也是祖孙关系。

② 假定在 FWCL 中，h_{w1} 与 h_{w2} 不存在偏序关系，即 $h_{w1} \cap h_{w2} \neq h_{w1}, h_{w2}$，则由定义 2.2 和定义 3.3 可得，在一般加权概念格中，h_{w1} 与 h_{w2} 也不存在偏序关系。 □

综上所述，频繁加权概念格保留了一般概念格中用户感兴趣的所有概念以及概念之间序关系，而且频繁加权概念格提取的知识包含于一般概念格中用户感兴趣的知识，所以频繁加权概念格中提取的知识与一般概念格中用户感兴趣的知识相同，即频繁加权概念格的知识提取是完备的。

3.6　小　　结

频繁加权概念格是一种加权概念格结构，为保证频繁加权概念格的完备性，本章引入了虚概念；通过定义频繁上、下确界两个算子，描述了一种频繁加权概念格的代数结构，并证明了频繁加权概念格的代数性质及知识提取的完备性，从而为加权概念格的应用提供了理论基础。

第 4 章　加权概念格的构造方法

4.1 引　　言

概念格的构造算法一直是概念格研究领域的重点，概念格的构造算法主要分为两类：渐进式和批处理[26]。渐进式构造算法的基本思想是将当前要插入的概念和概念格中已有的所有概念比较，根据比较的结果把结点分为不变结点、更新结点和新增结点，然后分别进行处理，如 Capineto 算法、T. B. Ho 算法、AddIntent 算法[27]、Godin 算法[28]以及各种对 Godin 算法的改进算法等[26]。批处理算法可以分为三类：自底向上算法、自顶向下算法和枚举算法。自底向上算法是先构造最底层结点，然后依次向上构造，如 Chein、CbO、Norris、MCA 算法[41]。自顶向下算法是先构造最顶层结点，然后依次向下构造，如 Bordat 算法、OSHAM 算法、Choi 的批处理生成算法[42]；枚举算法是按照某种顺序先构造出格的所有结点，然后再生成格结点的关系，如 Ganter 算法、Nourine 算法[43]等。

渐进式和批处理两种概念格构造方法有各自的优缺点，其构造效率因形式背景中的数据特征不同，存在着显著的区别。在文献[44]中，对各种经典概念格构造算法的性能进行了实验分析比较。Godin 算法是典型的渐进式算法，适用于数据量小且背景稀疏的情况，背景越稠密，它的性能越低；CbO 算法和 Norris 算法适用于稠密数据的形式背景下的概念格构造；Nourine 算法拥有最小的时间复杂度，但不是最快的算法，在最坏的情况下，它的性能要次于 Norris 算法；Bordat 算法对于平均密度的效果比较好，而且可以生成 Hasse 图，缺点是生成了许多冗余结点。因此，由于渐进式方法可以随对象的增加而动态更新概念格，所以在数据量较小的情况下，渐进式构造的效率要优于大多数的批处理构造方法，但是对于海量数据的形式背景，由于新增对象要与格中已生成的大量结点比较，所以其构造效率要低很多。批处理构造方法尽管产生一些重复结点，但是对于大数据集的批处理构造效率一般要优于渐进式构造。

目前，尽管国内外研究学者对概念格的构造方法和算法进行了大量的研究，提出了很多构造方法和算法，但概念格的构造效率仍然是一个长期研究的主题。

4.2　频繁加权概念格的渐进式构造

4.2.1　构造方法

频繁加权概念格渐进式构造的基本思想：当渐进地追加一个新对象时，要依据概念的变化情况和概念的权值以及用户定义的内涵最小重要性阈值查找要更新的概念，同时修改相应的边，最后形成新的频繁加权概念格。主要步骤：求原频繁加权概念格的格结点内涵与新增对象属性的交集，当交集为空时，新格保持原格结点；交集不为空且格中结点的内涵为所插入对象内涵的子集时，将所插入对象的外延并入该格结点并加入新格中；交集不为空且在新格结点的内涵中没有出现过，则产生包含该交集内涵的新增结点，并修改相应的边。

给定一个频繁加权概念格 L_{fw}，其中任一频繁加权概念 $h_w=(A, B, w)$，新追加对象 x，假设其生成的概念为 h_x，且 $h_x=\{x, f(x), w'\}$，其中，w'为新增对象内涵的权值。令更新后的频繁加权概念 h'_w、新的频繁加权概念格 L'_{fw} 中的概念与原频繁加权概念格 L_{fw} 中的概念存在以下三种关系。

1. 加权不变概念

若 $B\cap f(x)=\varnothing$，即新增对象内涵与原频繁加权概念没有共同内涵，L'_{fw} 保留原频繁加权概念 $h'_w=h_w$。

2. 加权更新概念

若 $B\subseteq f(x)$，即原频繁加权概念内涵为新增对象内涵的子集，L'_{fw} 更新原频繁加权概念 $h'_w=(A\cup\{x\}, B, w)$。

3. 加权新增概念

设 inter= $B\cap f(x)$，若 inter$\neq\varnothing$，且 weight(inter)=$w\geqslant\alpha$，则产生一个新增频繁加权概念 $h'_w=(A\cup\{x\}, \text{inter}, \text{inter}, w)$，$h'_w$ 又称为频繁子结点概念(产生子概念)，

h_w 为频繁父结点概念，则新增频繁子结点概念作为频繁父结点(产生子概念)的父概念加入到格中。

从上述构造方法中可以看出，在频繁加权概念格的构造中，除了要查找新增概念内涵与原频繁加权概念内涵之间的关系以外，更重要的是要计算新增概念的内涵权值，如果小于某种阈值(不重要，用户不关心)则不生成新概念。最后再确定概念之间边的关系。

4.2.2 构造算法

由上述算法的构造思想及相关定理，可给出如下频繁加权概念格构造算法描述。

算法：FWCL(frequent weighted concept lattice)

输入：已构建好的频繁加权概念格 L_{fw}，新追加的对象 x，假设其生成的概念为 h_x，且 $h_x=\{x, f(x), w'\}$，所有单属性内涵的权值集合 W，内涵的最小阈值 α。

输出：更新后的频繁加权概念格 L'_{fw}。

```
Mark:=∅;        //Mark 更新格结点集合
For L_fw 中的每个格结点 h_w=(A, B, w)，h_w 按|B|升序排列 Do   //更新加权概念
    If B ⊆ f(x) Then
    {
        A:= B ∪ {x};
        Mark:= Mark ∪ {h_w};
        If B = f(x) Then 退出 For 循环;
    }
    Else
        调用过程 Gennew();
    End If
End For
End FWCL

Procedure Gennew()
(1) Inter= B ∩ f(x)
```

```
If inter ≠ ∅ Then                          //交集不为空的情况，产生加权新增概念
   If weight(inter) ≥ α Then               //判断内涵的重要性
      If 不存在 h_k∈Mark 使得 h_k:= inter Then   //h_k 是 h_w 的祖先结点
         N_w=(A∪{x}, inter, weight(inter));         //Mark 新增结点
         Mark:= Mark∪N_w;
         增加边 h_x←N_w;
      End If
      For 对于 Mark 中的每个格结点 h_m=(A', B', w') 按|B'|降序排列 Do
         If 存在 h_m∈Mark 使得 B'⊂inter Then 增加边 N_w←h_m;
         If 存在 h_m 是 h_x 的双亲 Then 删去边 h_x←h_m;
      End For
   End If
End If
End Gennew()
```

4.2.3 算法分析

在上述渐进式的 FWCL 算法中，不但只根据新追加对象内涵与原格内涵的交集结果，而且还要根据内涵的权值才能决定格结点是否被添加，内涵权值小于阈值时格结点将不被生成(被剪掉)。

对于一个新对象 $h_x=\{x, f(x), w'\}$，最多可能存在 $2^{f(x)}$ 个内涵包含于 $f(x)$ 的概念。因此，当所有更新结点与产生子结点的权值都大于用户定义的阈值时，无结点被删除，即所有结点都被添加。根据文献[43]建格算法分析可知，算法的复杂度为 $O(2^k|U|)$。同样可以得出，当构成 x 内涵的属性分布均匀、同等重要时，算法的复杂度也为 $O(2^k|U|)$。

而在实际应用中，构成 x 内涵的属性并不都是均匀分布的、同等重要的或者并不是所有格结点内涵权值都大于用户定义的阈值，那么小于用户定义的阈值的格结点将不被添加，所以 $|f(x)|<k$，算法的复杂度远小于 $O(2^k|U|)$，而在最坏情况下，由上述可知为 $O(2^k|U|)$。因此，该算法的建格时间明显缩短，能有效地节省概念格的存储空间。

4.2.4　实例分析

恒星光谱数据是根据在不同波长处的流量、形状、峰宽等进行分类的，选取波长为 4090Å、4850Å、5500Å、6550Å，以及化学丰度作为恒星光谱数据分类的属性，并依据属性对恒星光谱数据分类的重要程度给出了单属性项目的权值，如表 4.1 所示。

表 4.1　单属性内涵权值

名称	A(编码)	w(权值)
S4850	E	0.6
化学丰度	F	0.1
S5500	G	0.5
S6550	K	0.3
S4090	R	0.9

表 4.2 给出了由 5 条恒星光谱数据所构成的一个形式背景，其中：$E=\{e_1, e_2, e_3\}$={较弱宽峰、较弱窄峰、弱特宽峰}，$F=\{f_1, f_2\}$={–5～–3、–0.1～0.3}，$G=\{g_1, g_2, g_3\}$={较强窄峰、较强宽峰、较弱窄峰}，$K=\{k_0, k_1\}$={较弱宽峰、较弱特宽峰}，$R=\{r_0, r_1\}$={较弱窄峰、较强窄峰}，按照不同的阈值可形成不同的频繁加权概念格。

表 4.2　形式背景

U \ A	E	F	G	K	R
1	e_1	f_1	g_1	k_1	r_1
2	e_2	f_1	g_3	k_1	r_1
3	e_2	f_1	g_3	k_1	r_0
4	e_3	f_2	g_1	k_0	r_0
5	e_1	f_1	g_2	k_1	r_1

假设所有内涵重要性相同且 $w=1$，渐进式构造的一般概念格结构如图 4.1 所示。如果用户定义的阈值$\alpha=0.4$，那么渐进式构造的频繁加权格结构如图 4.2 所示。

上述建格过程中，当$\alpha=0.4$，格结点#2(化学丰度为–5～–3、在波长 6550Å 处为较弱特宽峰)、#6(在波长 4850Å 处为较弱窄峰、化学丰度为–5～–3、在波长

5500Å 处为较弱窄峰、在波长 6550Å 处为较弱特宽峰)，由于其权值低于用户所定义(也就是说，内涵对恒星光谱数据分类而言，意义不大)的内涵最小重要性阈值而没生成(剪掉)，因此分类规则等知识的挖掘就不基于该结点进行考虑。若 w=1，则构造出所有的格结点。可见，加权概念格中结点的生成与内涵的重要性、用户的关心程度有关，在加权概念格的构造过程中，增加了与用户的交互性，使格的构造具有了实际意义。

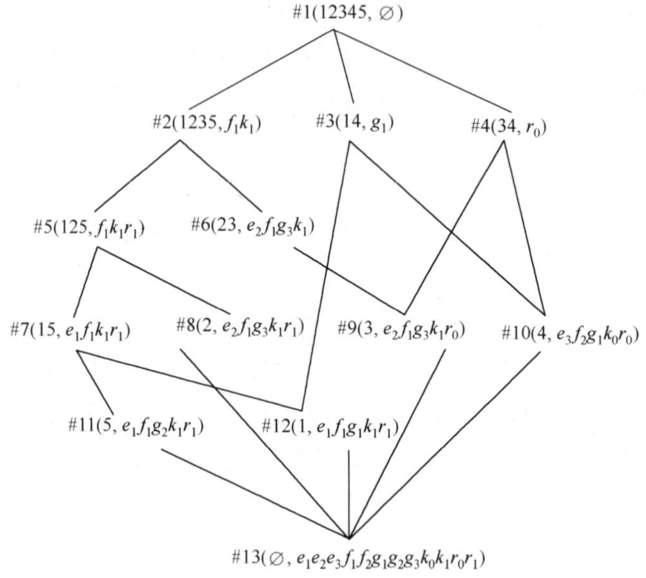

图 4.1　一般概念格的 Hasse 图

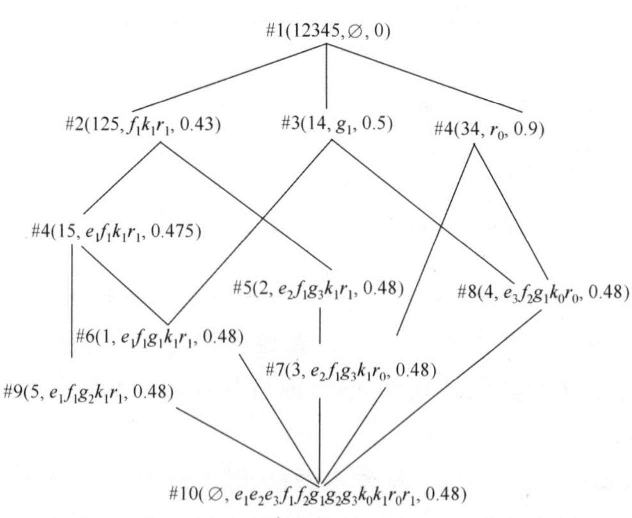

图 4.2　频繁加权概念格的 Hasse 图

4.3　频繁加权概念格的批处理构造

大多数概念格批处理构造算法都是采用某种方法(结点取交或者生成子结点等)生成结点，然后判断该结点是否满足最大扩展性。对于不满足最大扩展性的结点，即冗余结点，采用的都是放弃或者删除的处理策略。但这些冗余结点都包含重要的信息，对这些冗余结点加以利用可提高概念格的构造效率。例如，Chein 算法在生成结点的过程中每层都要产生大量的冗余结点，主要原因是：如果两个结点属性集存在包含关系，它们生成的子结点便与其中一个结点的属性集相同，则该结点冗余；同时冗余结点参与生成下层结点也可能产生新的冗余结点。而且同内涵的结点会重复产生直到该结点满足最大扩展性，对这些冗余结点大量的重复插入和查找操作需要耗费大量的时间和空间，导致效率降低。要提高概念格的构造效率，避免冗余结点的产生，最行之有效的方法就是避免冗余结点参与生成下层结点，在生成下层结点前先对本层结点进行处理，找出本层中可以参与生成下层结点的结点(即目标结点)，同时将本层中的不满足外延最大扩展性的结点(即临界结点)补充外延使之满足，然后只有本层中的目标结点两两合成生成下层结点，这样就可以避免冗余结点的产生，相同内涵的结点也只产生一次。

设 $K_w=(G,M,I,W)$ 为任意一个形式背景，其中，G 为对象集，M 为属性集，W 为属性集 M 中单属性的权值集合。$L(k)$ 是由背景 K_w 构造的频繁加权概念格中第 k 层未进行预处理的结点集。$L(k)$ 中的任意结点均为三元组 (A, B, w) 的形式，其中 $A\subset G$ 是对象集合，$B\subset M$ 是属性集合，w 为属性 B 的权值。记为 $(A, B, w)\in L(k)$。

4.3.1　基本定义

定义 4.1　对于 $\forall(A_1, B_1, w_1)\in L(k)$，如果 $\neg\exists(A_2, B_2, w_2)\in L(k)$，$A_2\subset G$，$B_2\subset M$ 且 $(A_1, B_1, w_1)\neq(A_2, B_2, w_2)$，使得 $B_1\subset B_2$，则称结点 (A_1, B_1, w_1) 为目标结点；否则称为临界结点。

为了避免冗余结点的产生，第 k 层的结点中只有目标结点通过两两合成生成第 k+1 层结点，而第 k 层的临界结点不能参与生成 k+1 层。

定义 4.2 对于$\forall(A_1, B_1, w_1)\in L(k+1)$，如果$\exists(A_2, B_2, w_2)\in L(k)$，使得 $B_1= B_2$，称(A_1, B_1, w_1)为第 k+1 层的遗留结点，否则称为第 k+1 层的新生结点。

第 k+1 层的遗留结点即对第 k 层临界结点对象扩展后的结点，新生结点为 k 层目标结点两两合成生成而在遗留结点集中不存在的结点。定义 4.1 和定义 4.2 中对于结点的分类是基于它们不同的用途，它们之间可以互相转化，遗留结点和新生结点只要满足定义 4.2 中的条件都可以作为目标结点，如果不满足为临界结点。

定理 4.1 $\forall(A, B, w)\in L(k)$，都有 $B=f(A)$ 且 $A\subseteq g(B)$

证明：用归纳法证明 $B=f(A)$。

设共生成 n 层结点，则对于第 i 层结点，$k=1, 2, 3, \cdots, n$。

$k=1$ 时，(A, B, w)为最底结点，满足 $B=f(A)$。

$k=2$ 时，根据生成算法，B 为 A 中所有记录共有的属性，即 $B=f(A)$。

设命题对第 k 层成立，即$\forall(A, B, w)\in L(k)$，$B=f(A)$，证明命题对第 k+1 层成立。

$\forall(A, B, w)\in L(k+1)$，如果：

① (A, B, w)是新生结点。假设(A, B, w)由 k 层结点集合 P 中的结点生成，$P\subseteq L(k)$，则对于 P 中每一结点(A', B', w')，用$\cup(A')$表示 P 中每个结点对象集的并集，$\cap(B')$表示 P 中每个结点属性集的交集，$A=\cup(A_i)$，$B=\cap(B_i)$，则 $f(\cup(A_i))=\cap f(A_i)=\cap(B_i)$，即 $B=f(A)$，即$\forall(A, B, w)\in L(k+1)$，都有 $B=f(A)$。

② (A, B, w)是临界结点。由于第 k+1 层的遗留结点是由第 k 层的临界结点外延扩充后得到的，证明类似①。

由以上证明可知，该命题对第 k+1 层也成立。(证毕)

由于算法的生成过程是对象集取并，属性集取交，而且只有包含相同属性集的对象集才取并，所以 $A\subseteq g(B)$，由定义 4.2 可知，所有不满足最大扩展性的结点都是因为遗漏了对象而产生的。

定理 4.2 $\forall(A, B, w)\in L(k)$，(A, B, w)不满足最大扩展性$\Leftrightarrow\exists(A', B', w')\in L(k)$，$(A', B', w')\neq(A, B, w)$，使得 $B\subset B'$且$\exists g\in A'\subseteq G$，$g\notin A$。

证明：由定理 4.1 可知：$B=f(A)$，$B'=f(A')$，$A\subseteq g(f(A))$，$A'\subseteq g(f(A'))$。

必要性：(反证法)假设$\exists(A', B', w')\in L(k)$，$(A', B', w')\neq(A, B, w)$，使得 $B\subset B'$且$\exists g\in A'\subseteq G$，$g\notin A$。而$(A, B, w)$满足最大扩展性。$g\in A'$，$B'=f(A')\Rightarrow gIm'$ $(\forall m'\in B')$，

$B \subset B' \Rightarrow gIm$ $(\forall m \in B)$。由 $g \notin A$，$B=f(A)$ 可得，$\forall m \in B$，gIm 不成立，矛盾，所以必要性成立。

充分性：由 (A, B, w) 不满足最大扩展性以及定理 4.1 可知：$A \subset g(B)$，$B=f(A)$，即 $\exists g \in G$，$g \in g(B)$ 但 $g \notin A$，使得 $\forall m \in B$，gIm，由于在每层中同内涵的结点只出现一次，则必 $\exists (A', B', w') \in L(k)$，使得 $g \in A'$，且对于 $\forall g' \in A'$，$\forall m \in B$，$g'Im$，即第 k 层中必然存在一个结点，这个结点的对象集中的所有对象和 B 中的所有属性都有关系，而且这个结点的对象集中存在 A 中所没有的对象，则 $A' \subseteq g(B) \Rightarrow f(A') \supseteq f(g(B)) \supseteq B \Rightarrow B \subset B'$。(证毕)

定理 4.3　$\forall (A, B, w) \in L(k)$，如果 $\neg\exists (A', B', w') \in L(k)$，使得 $B \subset B'$，则 (A, B, w) 满足最大扩展性。

证明： 由定理 4.2 易得。

由定理 4.3 可知，目标结点都满足最大扩展性。

定理 4.4　$\forall (A, B, w) \in L(k)$，设 $\mathrm{Ecmb}((A, B, w)) = A \bigcup\limits_{\substack{\forall (A', B') \in L(k) \\ 且 B \subset B'}} A'$，则 $(\mathrm{Ecmb}((A, B, w)), B)$ 满足最大扩展性。

证明： 假设 $(\mathrm{Ecmb}((A, B, w), B)$ 不满足最大扩展性，由定理 4.2 可得，$\exists (A_2, B_2, w_2) \in L(k)$，$(A_2, B_2, w_2) \neq (\mathrm{Ecmb}((A, B, w), B)$，使得 $B \subset B_2$ 且 $\exists g \in A_2$，但 $g \notin \mathrm{Ecmb}((A, B, w)$，由于 $(A_2, B_2, w_2) \in L(k)$ 且 $B \subset B_2$，所以 $A_2 \subseteq \mathrm{Ecmb}((A, B, w))$，所以 $g \in \mathrm{Ecmb}((A, B, w))$，矛盾，可得 $(\mathrm{Ecmb}((A, B, w)), B)$ 满足最大扩展性。(证毕)

由定理 4.4 可以得出，对 $L(k)$ 进行预处理后，$L(k)$ 中的目标结点和经过处理后的临界结点(即 $L(k+1)$ 中的遗留结点)都满足最大扩展性，即最后生成的概念格中的每个格结点都满足最大扩展性，保证了算法的正确性。

4.3.2　构造方法

频繁加权概念格的批处理构造就是要生成所有的频繁结点和虚结点，以及各个结点之间的边关系。由于判断非频繁结点是否为虚结点时要用到该结点的父子结点集，所以在生成非频繁结点时，需记录该类结点的父子结点集。

频繁加权概念格是一种格结构，它满足格结构的所有条件和性质。在频繁加权概念格的构造过程中，既要保证生成所有的频繁结点及边关系，又要保证频繁加权概念格的格结构。在频繁加权概念格的生成过程中，根据权值和父子结点集将结点分为以下两种类型。

(1) 频繁结点，即权值大于等于阈值的结点。该类结点是用户感兴趣的结点，要全部生成。

(2) 非频繁结点，即权值小于阈值的结点，根据用户感兴趣程度分为两类结点：

(i) 纯非频繁结点，即用户对结点内涵中的每个属性都是不感兴趣的或者每个单属性权值小于内涵权值阈值，该类结点在构造过程中不生成。

(ii) 非频繁重要结点，即该结点内涵中包含用户感兴趣的属性，或者内涵权值小于内涵权值阈值，但内涵中的有些单属性权值大于内涵权值阈值。在非频繁重要结点中，分为虚结点和非虚结点两种结点，虚结点保留，非虚结点生成但不保留。

频繁加权概念格的批处理构造算法思想是：采用自底向上分层对象扩展的方法，①首先从最底层开始逐层生成。在生成第 $k+1$ 层结点前，先对第 k 层中临界结点进行对象扩展，同时更新第 k 层中非频繁重要结点的父子集合。然后由第 k 层中满足最大扩展性的结点(即目标结点)两两合并生成第 $k+1$ 层除纯非频繁结点以外的所有结点，即频繁结点和非频繁重要结点，以及非频繁重要结点的父子集合。当第 $k+1$ 层结点生成完成后，逐个扫描第 k 层结点，根据结点内涵的权值判断结点类型，如果结点为频繁结点，则保留到概念格中；如果为非频繁重要结点，根据定义 3.2，来判断结点是否为子虚结点，如果该结点是子虚结点，则保留到概念格中，否则不保留该结点，但需要更新该结点的父结点集合中非频繁重要结点的子结点集以及该结点的子结点集中非频繁重要结点的父结点集合。②在所有层生成完成后，自顶向下扫描每个子虚结点，根据结点的父结点集判断该结点是否为虚结点，如果为虚结点，保留；否则在概念格中删除该结点，并更新该结点的父结点集合中非频繁重要结点的子结点集以及该结点的子结点集中非频繁重要结点的父结点集合。③利用结点内涵之间的包含关系，生成所有结点的边关系。

按照上述思想，在构造频繁加权概念格的过程中，不仅生成了所有的频繁概念，同时也生成了虚结点。由定理 3.1 可知，根据上述思想所构造出的频繁加权概念格是一个完全格。由于在频繁加权概念格构造过程中仅生成频繁结点和虚结点，降低了构造格的时空复杂性。

4.3.3　实例分析

本小节利用实例对上节的构造思想做一分析。对于表 4.3 的形式背景，单属性内涵的权值采用人工给定的方法，多属性内涵权值采用单属性权值的算术平均数[6, 24, 30, 86]的方法。单属性内涵权值分别设为：weight(*a*)=0.244，weight(*b*)=0.012，weight(*c*)=0.001，weight(*d*)=0.085，weight(*e*)=0.06，weight(*f*)=0.219，weight(*g*)=0.122，weight(*h*)=0.195，weight(*i*)=0.061。

当阈值α=0 时，频繁加权概念格退化为一般加权概念格，如图 4.3 所示。当阈值α=0.111 时，构造的频繁加权概念格如图 4.4 所示。其中，#8、#11、#13 为非频繁结点。由于#8 不满足阈值而且子结点数为 1(只有#1)，所以该结点不保留。删除#8 结点时，要更新该结点子结点中的非频繁结点的父结点，即#13 的子结点集由{8, 9}变为{9}；判断#13 的结点类型时，由于子结点只有#9，所以该结点也不是子虚结点，不保留，而且因为其父结点和子结点中无非频繁结点，所以不用更新；由于#11 子结点个数为 2(即#4、#7)，而且#4 和#7 都为频繁结点，所以#11 为子虚结点，保留。当概念格生成完成后，扫描所有子虚结点，当扫描到#11 时，该结点的父结点中频繁结点的个数也为 2(即#12、#14)，所以该结点也是父虚结点，可得#11 为虚结点，予以保留。

表 4.3　形式背景

对象集＼属性集	*a*	*b*	*c*	*d*	*e*	*f*	*g*	*h*	*i*
1	×	×					×		
2	×	×					×	×	
3	×	×	×				×	×	
4	×		×				×	×	×
5	×	×		×		×			
6	×	×	×	×		×			
7	×		×	×	×				
8	×		×	×		×			

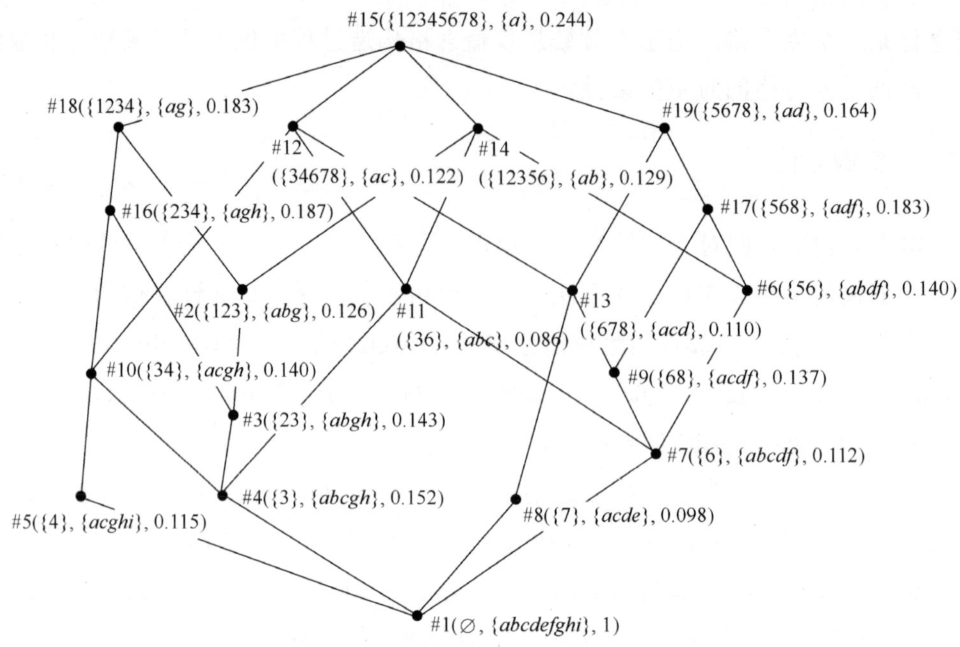

图 4.3　加权概念格(阈值α=0)

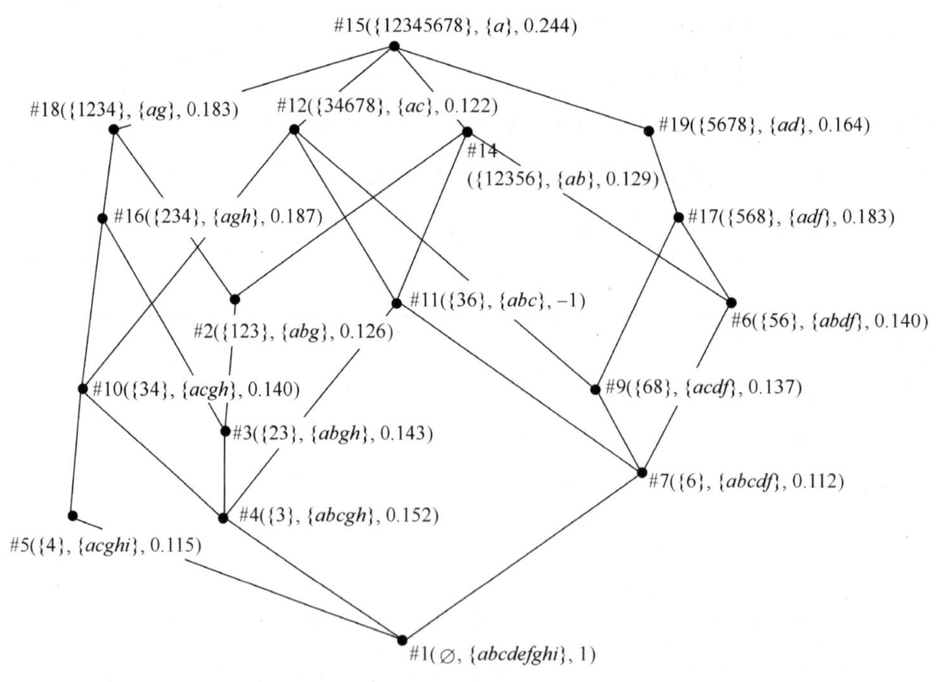

图 4.4　频繁加权概念格(阈值α=0.111)

4.3.4　构造算法

根据上小节所描述的构造思想，频繁加权概念格的批处理构造算法描述如下。

算法：BCAWCL(a batch constructing algorithm of frequent weighted concept lattice)

输入：形式背景 K_w，权值阈值 α。

输出：频繁加权概念格 L_w。

(1) k=1; 生成最底层结点，即第一层结点;

(2) 读取数据库初始化第二层结点(初始化时，纯非频繁结点不生成);

(3) While (True) Do

(4)　　临时结点集 LL; k=k+1;

(5)　　对第 k 层结点对象扩展，非频繁重要结点更新父子结点集;

(6)　　For 生成的第 k+1 层中的每个结点 C　Do

(7)　　　　If(C 为频繁结点) Then LL=LL∪C;

(8)　　　　　　Else If(C 为非频繁重要结点) Then

(9)　　　　　　　　生成 C 的父子结点集; LL=LL∪C;

(10)　　　　　　End If

(11)　　　　End If

(12)　　End For

(13)　　For 第 k 层的每个结点 C　Do　//保留第 k 层中的频繁结点和子虚结点

(14)　　　　If(C 为频繁结点) Then　L_w=L_w∪C;

(15)　　　　Else If(C 为子虚结点) Then　L_w=L_w∪C Else 对 C 执行 UnWeightDo();

(16)　　　　End If

(17)　　End For

(18)　　If(L 中结点个数<2) Then

(19)　　　　生成最顶结点; Exit While;

(20)　　End If

(21) End While

(22) For 对于 L_w 中的每个结点 C　Do //自顶向下删除子虚结点中的非虚结点

(23)　　If C 为子虚结点 AND C 不是父虚结点 Then

(24)　　对 C 执行 UnWeightDo(); $L_w=L_w-C$;

(25)　End If

(26) End For

(27) 依据结点内涵之间的包含关系，生成所有结点的父子关系;

(28) End BCAWCL

在算法中，有两部分是重点：一是父虚结点判定函数 IsParentVirtual()，子虚结点判定函数 IsChildVirtual()；二是非虚结点父子结点的边关系更新操作 UnWeightDo()。由于概念格的对偶性，父虚结点与子虚结点的判断类似，子虚结点判定函数和非虚结点父子结点的边关系更新操作过程描述如下：

Function IsChildVirtual()　//C 为非频繁重要结点，判断该结点是否为子虚结点

(1) vnum=0;

(2) For C 的子结点集中的每个结点 node　Do

(3)　If(node 为频繁结点或者虚结点) Then vnum++;

(4) End For

(5) If(vnum<2) Then return false Else return true;

(6) End IsChildVirtual

Procedure UnWeightDo()　//C 为非虚结点，更新非虚结点父子结点的边关系

(1) For C 的子结点集中的每个结点 wnode　Do

(2)　If(wnode 为非频繁重要结点) Then

(3)　　在 C 的父结点与 wnode 的父结点中选出极小的结点作为 wnode 的父结点;

　End If

(4) End For

(5) For C 的父结点集中的每个结点 wnode　Do

(6)　If(wnode 为非频繁重要结点) Then

(7)　　在 C 的子结点与 wnode 的子结点中选出极大的结点作为 wnode 的子结点;

　End If

(8) End For

(9) End UnWeightDo

在频繁加权概念格的构造过程中，要对所有子虚结点扫描判断是否为父虚结点，若是则保留，否则删除。对于一个子虚结点，如果它不是虚结点，它的子结

点个数大于等于 2，而且删除该结点时，更新了它的父结点集和子结点集的边关系，所以删除该结点不会影响其他子虚结点的性质，所有虚结点都可以生成，保证了频繁加权概念格的格结构。

4.3.5 算法分析

设 $L(k)$ 为第 k 层未进行预处理的结点集，$LM(k)$ 为对 $L(k)$ 中结点对象扩展后第 k 层结点集，$\|L(k)\|$ 表示 $L(k)$ 中的结点个数。在算法中第 5 行对第 k 层中的不满足最大扩展性的结点进行对象扩展，耗费时间 $O(\|L(k)\|^2)$；在算法中的第 6～12 行生成第 $k+1$ 层结点并判断类型，由于只有 $LM(k)$ 中的结点参与生成 $k+1$ 层结点，而且只需要查找第 $k+1$ 层属性集相同的结点，所以生成 $k+1$ 层结点耗费时间为 $O(\|LM(k)\|^2 \log_2\|L(k+1)\|)$；第 $k+1$ 层生成完成后，由算法中的第 13～17 行判断 $LM(k)$ 中结点的类型并做相应处理，耗费时间 $O(\|LM(k)\|)$；当所有层结点生成完成后，要判断子虚结点是否为虚结点(算法中的第 22～26 行)，需要耗费时间 $O(\|LX\|)$，$\|LX\|$表示所有子虚结点和频繁结点的个数；设$\|L\|$为所有频繁结点与虚结点的总个数，生成父子关系需要耗费时间 $O(\|L\|^2)$。设共生成 n 层结点(k=1, 2, …, n)，总的时间复杂性为

$$O(\|LX\|+\|L\|^2+\sum(\|LM(k)\|^2\log_2\|L(k+1)\|+\|L(k)\|^2+\|LM(k)\|))$$

在频繁加权概念格的生成过程中，随着阈值的不断增加，纯非频繁结点个数也不断增加，频繁结点个数不断减少，概念格的构造效率随之提高。在最坏的情况下，生成所有的加权概念结点，可分两种情况，一种情况是所有结点均为频繁结点，此时频繁加权概念格退化为一般加权概念格；另一种情况是所有的非频繁结点均为虚结点。在实际应用中，构成结点内涵的属性并不都是同等重要的，或者内涵权值并非都是大于阈值的，第二种情况出现的概率非常低。

4.3.6 实验结果与分析

在 Pentium 3.0GHz CPU，512MB 内存，Windows XP 操作系统，DBMS 为 Oracle 9i，用 Visual C++ 2005 实现了频繁加权概念格的批处理构造算法，实验数据采用了 UCI 的标准离散数据集[87]和国家天文台提供的 8315 条恒星光谱数据。恒星光谱数据通过以下预处理后，构成实验中的形式背景，①选定间隔为 20Å 的

200 个波长 3810Å，3830Å，…，7790Å 作为属性集；②依据每一波长处的流量、峰宽和形状，将其离散化为 13 种数值之一，并作为该波长处取值。为了能客观地表示属性的重要程度，采用单属性的信息熵作为单属性内涵权值，并且对所有单属性内涵权值进行了归一化处理；多属性内涵权值采用算术平均权值[10]的方法，其实验结果如表 4.4、表 4.5、表 4.6 所示。

表 4.4　SOYBEAN 数据的频繁加权概念格构造

阈值 α	构造时间/s	结点个数	虚结点数
0	280	17 237	0
0.012	222	15 953	133
0.014	132	7 483	219
0.015	110	3 295	77
0.016	82	819	16

表 4.5　4000 条恒星光谱的频繁加权概念格构造

阈值 α	构造时间/s	结点个数	虚结点数
0	1738	33 226	0
0.005	1685	31 216	54
0.010	1400	21 113	787
0.015	1022	934	85
0.016	592	152	0

表 4.6　恒星光谱数据的频繁加权概念格构造(权值阈值 α=0.01)

恒星光谱/条	构造时间/s	格结点数	虚结点数
1000	54	6 385	102
2000	311	12 523	233
4000	1400	21 113	787
6000	2265	23 750	970
8315	5776	32 786	1459

由表 4.4 和表 4.5 可知，当 $m \leqslant \alpha \leqslant x$ 时，随着内涵权值阈值的增加，满足权值阈值的结点数减少，非频繁结点数增加，相应地频繁结点和虚结点的总个数不断下降，因此频繁加权概念格构造的时间耗费也在降低；同时，由于结点数的减

少，生成这些结点的边关系所需的时间也在下降，频繁概念格的构造效率也不断提高。由此可见，内涵权值阈值越大，频繁加权概念格中包含的结点个数以及边个数越少，构造格的时空复杂性越低，因此频繁加权概念格可以有效地提高概念格构造的效率。

由于单属性内涵权值计算方法采用了归一后的信息熵，多属性内涵权值计算方法采用了算术平均数，所以大多数的概念结点都分布在某段权值范围。当α在这个范围内时，将会有大量(相对于范围外)的虚结点产生。例如，表 4.4 中在阈值α=0.014 和表 4.5 中在阈值α=0.01 时，虚结点个数达到一个极大值。而阈值在范围外时，虚结点会很少，如表 4.4 中的α=0 或 0.016，表 4.5 中的α=0 或 0.016。由此可见，对于给定的形式背景，针对不同阈值α，频繁加权概念格中包含的虚结点个数差异较大，但内涵权值阈值取某个值α时，包含的虚结点数可达到最大值，取与α阈值偏差越大的其他内涵权值阈值时，所包含虚结点数越少；对于不同的形式背景，当频繁加权概念格中包含最多虚结点时，所设定的内涵权值阈值与形式背景中数据的稠密、稀疏程度，以及单属性内涵权值计算方法有关。

由于 UCI 各数据集的稠密程度不尽相同，很难选择一个合适的α值使之满足大多数的数据表，来衡量不同形式背景的构造效率，因此，选用了恒星光谱数据。在表 4.6 中，内涵权值阈值α=0.01，可以看出，随着形式背景中的数据对象增加，频繁加权概念格中的频繁概念结点和虚结点数也增加，相应的构造时间也在增加；由于恒星光谱数据的稀疏程度大致相同，非频繁结点个数、非频繁结点中的虚结点数也不断增加，额外地增加了虚结点判定时间；由于格结点数的增多，生成父子关系的开销也越来越多，频繁加权概念格的构造时间也随之增加。

4.4　强加权概念格的渐进式构造

采用信息熵作为形式背景中的单属性内涵权值，以描述数据本身隐含着某些信息的重要性；为反映数据的一般水平和数据的离散程度，利用均值和标准差求解多属性内涵权值和权值偏差值；依据用户给定的内涵重要性最小阈值α和重要性偏差阈值β，本小节介绍一种强加权概念格的渐进式构造方法。具体的构造思想为：在缺乏先验的专家知识的情况下，单属性内涵权值由原始形式背景中属性的信息熵求得，权值进行归一化处理；多属性内涵权值和重要性偏差值由数据特征值均值、标准差计算；由用户输入内涵重要性阈值α，重要性偏差阈值β。格结点内涵权值先与α判断，不满足用户需求的重要性，不生成格结点；若满足，再与 β 判断，如不满足要求的重要性偏差，不生成格结点，若满足，则生成格结点。

为保证强加权概念格的格结构特点即上下确界都存在，定义 $\text{weight}(\varnothing)=1$，$\text{dev}(\varnothing)=0$ 和 $\text{weight}(B)=1$，$\text{dev}(B)=0$ （$B=M, g(B)=\varnothing$）。根据上述思想，一种强加权概念格渐进式构造步骤如下：

(1) 输入内涵重要性阈值α和重要性偏差阈值 β；

(2) 计算属性集 $M=\{m_1, m_2,\cdots, m_n\}$中各属性的概率值 $P(m_i)$；

(3) 利用式(2.2)～式(2.4)，求各属性的信息熵 $H(m_i)$，并且归一化，获取单属性内涵 m_i 的权值 w_i；

(4) 渐进式新增一个结点(A, B)；

(5) 若 B 由单属性构成，则转(7)；

(6) 否则，利用式(2.5)获取内涵 B 的权值 w；

(7) 比较 w 与α，如果 $w<\alpha$，则不生成该结点，转(4)；

(8) 若 B 由单属性构成，则生成该结点，转(4)；

(9) 否则利用式(2.6)计算 $\text{dev}(B)$；

(10) 比较 $\text{dev}(B)$ 与 β，如果 $\text{dev}(B)>\beta$，则不生成该结点，转(4)；

(11) 否则，生成该结点，转(4)。

在上述强加权概念格的构造中，不满足用户定义的内涵最小重要性阈值和内涵重要性偏差值的结点不生成，节省了概念格构造的时间和空间；生成了满足用户偏好属性的强加权概念格，而且从强加权概念格中，可快速灵敏地提取用户需求的重要知识。

4.5 强加权概念格的批处理构造

4.5.1 构造方法

强加权概念格的批处理构造算法思想：采用自底向上分层对象扩展的方法，生成频繁概念和对应的边关系。①首先从最底层开始逐层生成。在生成第 k+1 层结点前，先对第 k 层中不满足最大扩展性的结点进行对象扩展。然后由第 k 层中满足最大扩展性的结点(即目标结点)两两合并生成第 k+1 层的频繁概念。②当第 k+1 层结点生成完成后，逐个扫描第 k 层结点，根据结点内涵的权值和偏差阈值判断结点类型，如果结点为强加权结点，则保留到概念格中；否则不保留该结点。③利用结点内涵之间的包含关系，生成所有结点的边关系。

在构造强加权概念格的过程中，仅生成了满足用户需求的所有的强频繁概念，降低了概念格构造的时空复杂性，增强了实用性和针对性。

4.5.2　构造算法

根据 4.3 节相关定理和 4.4 节算法构造思想，给出强加权概念格的批处理构造算法。

算法：BCSWCL(a batch constructing algorithm of strongly weighted concept lattice)

输入：形式背景 K，权值阈值 α，偏差阈值 β。

输出：强加权概念格 L_{fw}。

```
(1) l=1; 生成最底的第一层结点;
(2) 初始化第二层结点并读取数据库;
(3) While( True ) Do
(4)     Nodeset=∅; l=l+1;        //Nodeset 为临时结点集合
(5)     对第 l 层结点对象扩展;
(6)     For 生成的第 l+1 层中的每个结点 C  Do  //生成第 k+1 层强频繁结点
(7)         If(C 为强频繁结点) Then Nodeset=Nodeset ∪ C; End If
                                    //根据α和β来判断 C 是否为强频繁结点
(8)     End For
(9)     For 第 l 层的每个结点 C  Do    //保留第 l 层中的强频繁结点
(10)        If(C 为强频繁结点) Then Lfw=Lfw∪C; End If
(11)    End For
(12)    If(Lfw 中结点个数<2) Then
(13)        生成最顶结点; Exit While;
(14)    End If
```

(15) End While

(16) 依据结点内涵之间的包含关系，生成所有结点的父子关系;

(17) End BCAWCL

4.5.3　实验结果及分析

在 Pentium 3.0GHz CPU，512MB 内存，Windows XP 操作系统，DBMS 为 Oracle 9i，用 Visual C++ 2005 实现了强加权概念格的批处理构造算法，实验数据采用了国家天文台提供的 2000 条恒星光谱数据。恒星光谱数据预处理同 4.3.6 小节的方法，其实验结果如表 4.7 和表 4.8 所示。表 4.7 为同一阈值 α=0.01，不同偏差值 β 的实验结果。表 4.8 为同一偏差阈值 β=0.002，不同阈值 α 的实验结果。

从表 4.7 可以看出，当偏差为 0，即均衡重要时，为一般加权概念格；相同阈值的情况下，偏差值越大，构造时间短，结点个数少，越有利于发现用户关心的离群数据。从表 4.8 可以看出，在偏差值相同的情况下，权值阈值越大，结点个数越少。

从以上拓展概念格的构造方法可以看出，拓展概念格批处理构造方法进一步降低了加权概念格构造的时空复杂性，提高了加权概念格结构的实用性和针对性。

表 4.7　2000 条恒星光谱数据的强加权概念格批处理构造结果

偏差 β	构造时间/s	结点个数
0	308	12 236
0.002	268	11 111
0.003	251	9 112
0.004	237	6 158
0.005	225	2 570

表 4.8　2000 条恒星光谱数据的频繁加权概念格批处理构造结果

权值阈值 α	构造时间/s	结点个数
0	314	15 791
0.005	308	15 476
0.010	268	11 111
0.013	219	3 061
0.015	125	43

4.6 小　　结

概念格的构造一直是概念格研究领域的重点，概念格的构造方法主要有两种方法：批处理和渐进式。本章重点介绍了两种拓展加权概念格：频繁加权概念格和强加权概念格的两种构造方法和算法，用实例阐述了构造思想，实验验证了算法的正确性和有效性。

第 5 章　加权概念格在图像语义自动标注中的应用

5.1 引　　言

自然场景分类是图像语义自动标注研究领域的热点之一，而场景分类中视觉物体图像表示的优劣将直接影响图像理解的结果。视觉词包(bag-of-visterms，BOV)模型因检测图像局部的关键点，对遮挡、旋转、背景和光照改变等具有鲁棒性，成为视觉物体表示的一种主要表示方式[88]，并在图像检索、场景分类和语义标注等领域取得了良好的应用效果。目前，国内外研究者对 BOV 模型进行了广泛的研究，主要集中在局部基元提取[89]、视觉单词生成[90-98]和图像分类等方面[99-105]。

BOV 模型是一种目前用于场景分类的主要图像表示方法，基于 BOV 场景分类的基本思想为：首先将图像的局部不变特征聚类为一组视觉单词，利用视觉单词的出现频率表示图像的场景内容；然后使用某种分类方法将未标注图像映射为某场景语义类别。典型的工作有：Lazebnik 等利用空间金字塔模型，提取视觉单词的空间分布情况实现场景分类[99]。Bosch[100]等和 Fei-Fei [90]等先用 BOV 模型表示图像，然后分别利用 PLSA(probabilistic latent semantic analysis)模型[106]和 LDA(latent Dirichlet allocation)模型[107]得到图像的主题后用于场景分类。Liu 等利用最大互信息协同聚类的方法，从视觉单词中提取中间语义概念实现场景分类[101]。这些文献分析了视觉单词所处的语义主题和空间分布，但没有考虑视觉单词对场景分类贡献程度的差异性，即表示图像的视觉单词应具有不同的权重。文献[93]和[102]将图像表示成带有权值的视觉单词，取得了好的分类效果，但这些文献没有分析视觉单词的多少，即视觉词典容量，这也是影响分类的一个重要因素，因为较小的视觉词典可能导致两个不相似的关键点分配到同一个视觉单词中，较大的视觉词典又可能不适应噪声数据的处理[88, 108]。文献[94]和[95]在 PLSA 模型的基础上提出了一种渐进式生成视觉词典的方法，对视觉词典的大小进行渐进式的增加，然而这种视觉词典的生成方法在数据集大的情况下，分类性能不是很好。目前视觉词典数量的大小，一般是根据经验设定的，不合适的聚类数目必然会影响分类的精度。由此可见，视觉单词的权重计算和大小等都是影响分类的主要因素，即 BOV 中视觉词典的有效生成方法是提高利用 BOV 模型进行场景分类精度的一种有效途径。

加权概念格是一种拓展概念格结构[6, 24, 30]，又因其标识了不同属性特征组成的概念格的内涵的不同重要性，成为一种约简工具。在缺乏专家先验知识时，文献[83]提出了一种基于信息熵的加权概念格单属性内涵权值获取方法，进一步拓广了格的结构，使得基于该结构上提取出的知识可以更好地满足用户需求，更具有实用性和针对性。为生成有效的表示图像的 BOV 模型，进一步提高场景分类的精度，本章将构成训练图像 BOV 模型中的视觉单词作为加权概念格的内涵，训练图像集作为外延，通过应用加权概念格结构，介绍了一种新的视觉词典生成与分类算法。

5.2 图像语义自动标注与 BOV 模型

5.2.1 图像语义自动标注

图像语义自动标注模型的建立，一直是图像语义标注研究的重点。图像语义自动标注模型的建立，就是依据已标注的训练图像集，构造一种分类模型，或者建立一种图像底层特征与高层语义之间的映射关系、对应关系，根据该映射关系，自动地将待标注图像的高层语义标注出来，图像语义自动标注的一般过程如图 5.1 所示。

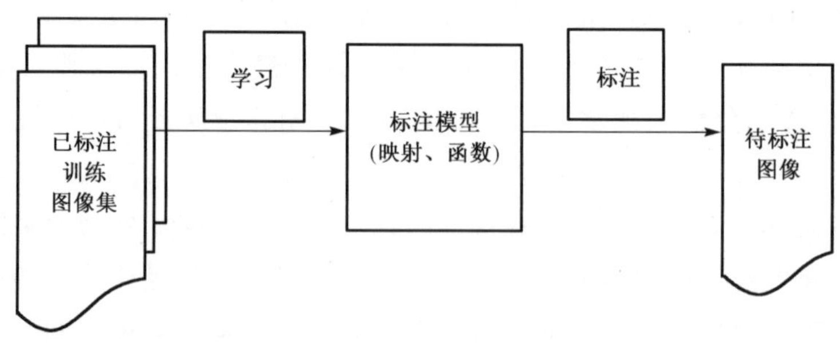

图 5.1 图像语义标注过程

目前，研究者利用统计方法和机器学习技术设计出各种不同的图像语义自动标注模型，如表 5.1 所示。基于统计方法的图像语义自动标注模型一般分为生成式(generative)和判别式(discriminative)两种，生成式的图像标注模型主要有翻译模型(translation model)、概率潜在语义分析(probabilistic latent semantic analysis，PLSA)、隐狄利克雷分配模型(latent Dirichlet allocation，LDA)和相关模型。常见的判别式模型有支持向量机(support vector machine，SVM)、贝叶斯(Bayes)和高斯混合模型(Gaussian mixture model，GMM)[109]等统计方法。机器学习是一个有特定目的的知识获取过程，通过获取知识、积累经验、发现规律，使系统性能得到改进，实现自我完善、自适应环境[110]。图像语义自动标注过程不仅使用了大量的统计学习方法，还融入了很多的机器学习策略，如无监督(unsupervised)学习的聚类、关联和有监督(supervised)的示例学习和相关反馈(relevance feedback)等机器学习技术等。

表 5.1　图像语义自动标注模型

方法和技术	类别	主要模型
统计	生成式	翻译模型、PLSA、LDA、相关模型
	判别式	SVM、贝叶斯、GMM
机器学习	归纳	分类、聚类、关联、示例
	指导	相关反馈
	类比	网络检索

5.2.2　图像语义自动标注的研究现状

图像语义自动标注过程主要涉及图像的底层特征提取及表示、图像语义表示和图像语义标注模型的建立等方面。图像特征提取就是提取图像的颜色、纹理、形状和空间等底层视觉内容。目前，图像特征提取的方法有基于整幅图像(global image)[111]、均匀网格(grid)[112]、区域(region)或者块(block)[113]，以及对象[114]等方法。基于整幅图像和均匀划分网格技术是从全局或者固定的空间布局上提取特征，不需要进行图像分割，特征提取速度快，对标注图像的整个场景语义效果较好，但是对于对象的标注和检索效果不理想[115]。基于区域(块)或者对象的特征提取方式需对图像进行分割，在分割后的区域中从局部上提取底层特征，该方法对光的反射(reflection)、部分可见(partial visibility)以及遮挡(occlusion)等具有健壮性，有利于对象的标注，但是分割技术和分割粒度的粗细却影响着最终的标注效果及其复杂性。

图像的底层特征表示方式主要有直方图、区域特征、边缘特征和 BOV 等。直方图是对随机变量分布的一种近似表现形式，同时也是对密度估计的描述[108]。尺度不变特征转换(scale invariant feature transform，SIFT)[116]是区域特征表达的主要方式，SIFT 描述子对图像的尺度、旋转、亮度等具有不变性，在时域和频域内都能较好地定位，对遮挡、噪声等具有很强的鲁棒性。边缘特征表达主要以形状上下文为主，与 SIFT 描述子相似，但它是基于边缘而非区域的[108]。BOV 表示方式检测图像局部的关键点，对遮挡、旋转、背景和光照改变等具有鲁棒性，成为视觉物体的一种主要表示方式。目前，国内外研究者对 BOV 进行了广泛的研究，主要集中在局部基元提取、视觉单词生成和图像分类等方面。局部基元提取大都采用 Lowe 提出的 SIFT[116-117]算法，该算法能较好地解决场景部分遮挡、旋转缩放、视点变化引起的图像变形等问题，并且成功应用于目标识别和匹配[118]等领域。然而，算法仍存在一些问题，如阈值过多且难以确定，特征描述符维数过高导致计算过于复杂等。在图像分类方面，BOV 模型将文本处理及分类方法应用于图像分类，取得了一定的研究成果[119-122]。在视觉单词生成方面，目前主要采用无监督聚类算法(如 *k*-means)，没有考虑任何语义信息及视觉单词之间本身隐含的关联关系。因此，研究一种有效的视觉单词生成算法，提高图像分类的性能，是个值得研究的主题。

图像语义表示通过用某种表示方法、技术或工具(WordNet、MPEG-7、本体、图和语义网络等)将图像的语义表示出来。WordNet 是一种基于认知语言学的英语词典，描述了词语之间存在的重要的语义关联关系(同义或者反义，整体或者部分和上层或者下层)，一般被很多图像领域专家用于衡量图像语义标注词之间的相关性，Jin 等通过利用 WordNet 删除一些冗余的标注词，进一步精化图像语义标注词，进而提高语义标注的精度[123]。MPEG-7 是一个描述多媒体内容的标准化的框架，用于描述多媒体信息的颜色、纹理、形状等底层语义。本体(ontology)是一种共享概念模型的明确的形式化规范说明，通过描述概念及概念之间关系来表示概念的语义，由于本体可以有效地表达知识、查询知识，或者对不同领域的知识进行语义消解，因此也常用于表示图像的语义。图和语义网络是人工智能两种有效的知识表示工具，用于表示图像高层语义之间的复杂联系。卢汉清等采用图学习图像复杂的语义关联关系，并用于改善图的标注过程[124]。Lu 等使用马尔可夫网络模型捕捉图像语义之间复杂的联系，通过使用上下文、一致性和多样性等线索提出了一种新的基于图的交互式图像分类架构[125]。

图像语义标注模型的建立一直是图像研究领域的重点，已吸引了许多国内外研究学者的关注。目前，研究者利用统计方法和机器学习技术设计出各种不同的图像语义自动标注模型。

1. 基于统计方法的图像语义自动标注模型

基于统计方法的图像语义自动标注模型一般分为生成式(generative)和判别式(discriminative)两种，生成式的图像标注模型主要有翻译模型，PLSA、LDA和相关模型等。Duygulu 等提出的翻译模型[126]对分割后的图像区域特征进行聚类，将连续特征变成离散视觉词集，通过寻找标注词和图像特征之间的关系对待标注图像进行标注。这种方法标注的精度与区域采用什么样的聚类算法来提取离散的视觉特征点有关系，而且视觉特征与语义的结合也比较松散。PLSA[106]模型始于对自然语言和文本学习的研究过程中，通过建立词语和文本间的映射关系，处理文本中词语的多义性(一词多义)和相似性(一义多词)。其思想是对每一文本–词语观察值(d_i, w_j)关联一个隐变量 z_k，通过求解隐关系 $p(w_j \mid z_k)$ 的凸组合求解(d_i, w_j)的概率分布，即

$$p(w_j \mid d_i) = \sum_{k=1}^{K} p(w_j \mid z_k) p(z_k \mid d_i) \tag{5.1}$$

但是，当训练数据中存在噪声或者训练数据太少时，PLSA 有时会出现过拟合的现象。LDA 模型[107]是在 PLSA 模型的基础上增加了超参层，建立了隐变量 z 的概率分布，LDA 模型在图像语义标注和检索中也得到了成功的应用。文献[127]提出了一种新的基于 GD(generalized Dirichlet)混合模型的、无监督特征选择方法，并应用图像语义标注，取得了好的标注效果。Jeon 等提出了一种跨媒体相关模型(cross-media relevance model，CMRM)的图像标注和检索方法[128]。

常见的判别式模型有 SVM[129-130]、贝叶斯等。SVM 因良好的泛化能力，具有处理非线性、高维小样本等特点，在图像语义标注中得到广泛的应用，该方法将与给定标注词相关的图像看作正例，其他的图像则作为该类的负例，从而进行多个二元分类器的学习。Li 等利用 SVM 给一幅图像选择了可能属于的几百个类别，但是对于一幅给定的图像，选择的标注集定义为统计上支持的最重要的语义类别[131]。Dong 等提出了一种利用贝叶斯进行软标注的方法[132]。

2. 基于机器学习策略的图像标注

图像语义自动标注过程不仅使用了大量的统计学习方法，还融入了很多的机器学习策略，如无监督(unsupervised)学习的聚类、关联和有监督(supervised)的示例学习等归纳策略、相关反馈的示教式策略和类比等。常见的图像聚类方法有 k-means 方法及其变型[133]。Wang 采用基于子空间聚类算法[134]，Li 等用分类的方

法在图像的视觉特征和语义关键词之间建立关联关系，依据关联关系构建分类器，并将分类器用于未标注图像的标注过程[135]。张敏灵对基于神经网络的多示例学习进行了深入的研究，并在自然场景图像检索领域中取得了良好的测试性能[136]。Wu 等从相关反馈中利用多元可视化特征比较图像，提出了一种最优学习策略[137]。类比学习方法是通过对相似事物比较，进行创造性学习的一种方法。互联网的膨胀提供了巨大的联机图像资源，因此在缺少已标注的训练图像数据集的情况下，可以使用大量的网络图像数据来提高图像标注模型的健壮性[138]。Li 等提出了一种新的脱离模型的图像标注方法，即基于数据驱动的通过挖掘搜索结果来标注图像的方法[94]。

为解决语义标注的“瓶颈”问题，大多数标注模型通常将统计方法与机器学习策略技术相结合。Chen 等利用多示例学习方法，将图像的类别映射到语义类别中[139]，同时，在动态改变的图像数据库内，利用高斯混合模型从户的相关反馈来学习概念。Yang 等将基于区域的图像语义自动标注问题转化为多实例学习问题，设计非对称的 SVM 对图像语义自动标注的多实例学习进行研究[140]。Carneiro 等提出了一种监督多类标注(supervised multi-class labeling，SML)，应用多示例学习原理，计算每个语义类的图像特征概率密度，并使用贝叶斯分类器计算测试图像的后验概率，进行图像标注[141]。

3. 基于粒分析的图像语义标注

粒度分析的思想是一种分而治之、层次求解的思想，为复杂问题的求解提供了新的思路。粒度分析求解问题的思想是将问题抽象出一个个粒子，即粒化、分解、构造的过程，然后再将粒子按照某种求解或推理规则转化或者合并以得到整个问题的解，即粒的计算过程。一般的粒计算模型有词计算(computing with words)[142]、粗糙集(rough set)[143]、商空间(quotient space)[144]和概念格(concept lattice)等。

由于粒度分析是解决复杂问题的有效方法，而且图像理解又存在图像底层特征维数高、高层语义词之间关系复杂，及图像底层视觉特征与高层语义映射之间的鸿沟等问题，因此如何利用粒化思想求解复杂的标注问题，即采用粒度分析的方法建立有效的图像语义自动标注模型，提高图像语义检索的效率，成为图像领域专家的一个关注点。目前，研究者在图像理解与分析的各阶段都使用了一些粒分析思想。

1) 特征提取与分割

图像特征提取所采用的分割技术是图像标注过程中体现粒度思想求解最多的方面。基于不同粒度的图像区域，提取特征的效果以及对图像标注的精度和检索的效率不同，可见，图像分割技术和分割粒度的粗细影响着最终的标注性能及其复杂性。修保新等给出了基于模糊信息粒化思想的图像边缘检测方法[145]，并在基于图像模糊粒化思想进行图像插值的基础上，提出了具体的基于图像模糊粒化结构的插值方法。Małyszko 等提出一种基于粗糙熵的图像分割阈值技术，将基于熵的阈值与粗糙集的结果结合起来，给出一种基于粒度多层粗糙熵进化阈值算法，该算法产生比 k 均值好的图像分割聚类效果[146]。刘仁金等深入分析了图像分割问题中的商空间粒度原理，构造了图像分割的商空间粒计算模型和分割方法，实现了对复杂纹理图像的成功分割[147]。Pal 等利用图像粒度概念，定义了图像的粗糙熵，提出了一种利用粗糙集这种粒计算模型用于提取图像中的对象的方法[148]。目前，格用于图像语义标注的研究较少，因完备性，格通常在图像分析中为图像形态学提供理论基础[149]。Braga-Neto 等在 ψ-不变格上引入新的连接实例[150]，深入研究了图像处理与分析中用于定义灰度图像的完备格连接方法。

2) 视觉内容描述粒度

图像的视觉内容，如图像像素的空间关系和亮度、形状的规则程度和纹理的类型等，都可从粒度角度形象化表示[151-152]。Hildebrand 等以自然语言的方式，即用词语来描述图像的颜色，提出了一种基于知识的模糊颜色处理方法[153]。Hirota 等将模糊信息粒化思想应用到图像压缩领域，用模糊关系描述一幅静态灰度图像，提出了一种基于模糊关系计算的图像压缩方法[154]。Zheng 等[155]提出了一种相容粒度空间模型，并在图像纹理识别和数据挖掘中取得了成功。李清勇等[156]针对 Tamura 纹理模型，提出了一种基于语言变量的图像纹理语义特征描述方法，并通过遗传程序构造从底层视觉特征到高层语义特征的映射。

3) 语义粒度

图像语义标注词由于本身词义存在上下(或者包含)关系，因而存在层次关系，即粒度关系[157]。例如，一幅图像标注成泛化概念上的交通工具还是具体细化的自行车或者汽车，对用户造成的理解程度不一样，同时用户检索时获取所需求的图像集也不一样。目前层次语义标注大多采用 WordNet 的概念层次结构，综合分析检索关键词在不同抽象层次上的语义信息，计算图像间的语义相似距离，以解决因用户主观理解不同而产生的对图像语义标注词不一致而产生的歧义问题。陈世亮等针对基于关键词的图像检索方式存在的因用户理解差异而导致对图像语义理解的歧义问题，利用 WordNet 词典中单词间的同义关系、上下位关系，提出了一种基于多层语义相似性度量的图像检索方法[158]。

4) 标注粒度

语义标注模型建立的过程，即分类函数的建立也吸引了不少的研究者。其粒度思想是先建立粒度不同的分类模型，然后再利用粒度理论合成最终的标注模型。张向荣等将商空间粒度计算引入 SAR 图像的分类中，首先提取不同的纹理特征，利用 SVM 得到不同的分类结果，再基于商空间粒度合成技术实现信息融合，从而提高 SAR 图像分类精度[159]。许相莉等将商空间粒度计算理论引入到图像检索领域，针对彩色图像在不同粒度下的表现得到不同粒度下的颜色特征，获得不同的商空间，然后根据商空间粒度合成原理对已得到的商空间进行合成[160]。Fan 等通过使用具有标注主题的 SVM 从已标注的图像区域搜索最优参数，学习一组测试函数，为了产生图像语义概念，使用有限的混合模型近似相关敏感概念显著对象的类分布，提出一种自适应 EM 算法来确定最优模型结构和参数模拟，进而实现了多层次语义标注[129]。许宏丽等利用小波变换的多尺度特性对图像特征分布曲线进行不同尺度的小波变换，去除一些小的分类和可能的噪声干扰，从而得到不同粒度下的层次聚类标注模型[161]。这些聚类方法一般都是先利用各粒度的图像底层特征进行分类(语义标注)后，再利用粒度原理进行合成，以提高语义标注的精度，但是这些粒度分析方法在融合分类语义时，各底层特征与高层语义结合比较松散。

综上所述，图像语义自动标注模型的建立存在的主要问题有：第一，高维底层特征的约简和语义鸿沟。如何利用人工智能和数据挖掘工具，有效地降低视觉特征维数，提取主要特征维，并且不丢失主要视觉特征与高层语义的联系，进一步缩小底层视觉特征与高层语义鸿沟，提高图像标注效率和精度，是个值得研究的主题。第二，图像标注的粒度。图像语义标注的各阶段都存在粒度问题，在图像的底层特征提取、图像视觉内容表示以及图像语义标注映射的建立等各阶段都存在粒度问题，如何利用粒计算方法，建立一种有效的图像语义自动标注模型，提高语义检索效率是一个值得研究的内容。第三，稀疏样本标注和网络图像海量信息有趣知识的挖掘、冗余及噪声。第四，以网页为中心，综合文本、图形、图像、音频、视频和动画等跨媒体图像数据跨媒体图像的语义标注。

粒度分析是一种层次化的、有效的数据分析方法，在图像分割和底层特征提取方面已取得一些研究成果。但是在语义标注模型的建立方面，由于粒度分析方法在融合分类语义时，各底层特征与高层语义结合比较松散，所以标注精度有待提高。而且，目前很多用在图像语义标注的粒模型方法没有充分挖掘隐藏在图像数据之间的关联关系，因此标注效率不高。基于形式背景构造的概念格是一种粒度分析模型，又是一种有效的数据挖掘工具，已得到成功应用。在概念格结构中，每个概念可以看作最小的知识粒(概念粒)，而且每个知识粒的内涵本质上也是一个最大项目集，同时因为概念之间的父子关系是一种典型的层次关系，因此，知识粒的上下层之间存在着明显的关联关系，概念格就是通过知识粒之间的泛化和特化关系表示了形式背景上层次结构化的知识。可见，将概念格的每个结点看作一个由图像的底层特征及相关语义组成的粒子，通过粒子的合并(重构)，分析隐藏在其中图像语义的关联关系、层次关系，进而建立一种有效的图像自动粒标注模型，提高自动标注的精度和效率，是一个值得研究的新领域。

5.2.3　BOV 模型

BOV 模型是图像表示与场景语义标注的研究热点之一，其构造的基本思想是：首先利用某种检测器(如 DOG 算子)检测图像的关键点，使用某种算子(如 SIFT 算子[116])把每幅图像描述成局部关键点特征的无序集合，对关键点特征聚类，每个关键点集群，即聚类的结果被视为视觉词典中的视觉单词，最后将图像中所有关键点的局部特征均绘制到可视化词汇表中，再根据每个可视化单词的出现数目把图像描述成特征向量，即根据图像中各个视觉单词出现的统计分布，得到表述图像的视觉单词统计直方图，即图像的视觉词包表示。

具体的过程：利用 DOG(difference-of-Gaussians point detector)[117]等检测器检测出特征点，采用尺度不变特征转换(SIFT)描述子获得一个图像特征实值局部描述子集合，按照最近邻原则，查找欧氏距离最近的视觉单词，将每一个局部描述子 s 量化为视觉词典中的一个视觉单词，即

$$\text{if } \mathrm{dist}(s,v_i)\leqslant \mathrm{dist}(s,v_j),\ \forall\, i,j\in\{1,2,\cdots,\mathrm{Nv}\} \text{ then } Q(s)=v_j \tag{5.2}$$

其中，v_i 和 v_j 表示视觉单词；Nv 表示视觉词典容量，视觉词典由 k-means[162]聚类后的类中心，即视觉单词构成。聚类算法中可依据所需视觉词典的大小，选择聚类数目。完成图像描述子与视觉单词间的对应后，再按直方图方式进行量化，分别计算各视觉单词在图中对应出现的频率：

$$\mathrm{Hist}(\mathrm{image}) = (\mathrm{Hist}_i(\mathrm{image})),\ i \in \{1, 2, \cdots, \mathrm{Nv}\}$$

$$\text{且}\ \mathrm{Hist}_i(\mathrm{image}) = n(\mathrm{image}, v_i),\ i \in \{1, 2, \cdots, \mathrm{Nv}\} \tag{5.3}$$

其中，Hist(image)是图像的视觉单词表示；$n(\mathrm{image}, v_i)$表示图像 image 中映射到视觉单词 v_i 的数量。在 BOV 模型构造过程中，视觉单词的生成一般仅由 k 均值聚类形成，忽略了其空间语义信息，而且由于视觉单词之间可能存在关联关系，难免有冗余，因此，影响图像分类的性能。

Lazebnik[99]场景图像库的其中一幅图像视觉单词统计直方图的构造过程如图 5.2 所示[163]。图 5.2(b)为图 5.2(a)的 SIFT 特征向量表示，检测到特征点，对每个特征点使用 4×4 共 16 个种子点来描述，而每个点包含着 8 个方向的信息，这样对于一个特征点就可以产生 128 维的数据，该幅图像含有 1457 个特征点，最终形成 1457×128 的 SIFT 特征向量。在表示出 50 幅图像的所有 SIFT 特征向量之后需构造视觉词典，假设视觉词典的大小为 200，即有 200 个词。运用 k-means 算法对图像集上的所有 SIFT 特征向量进行聚类，可以得到 200 个收敛中心，每一个收敛中心视为一个视觉单词，从而得到一个由 200 个视觉单词构成的视觉词典，如图 5.2(c)所示，形成的 200×128 矩阵就是所构造的视觉词典。计算图像的 SIFT 特征与视觉词典中的每一个视觉单词所对应 SIFT 特征的欧氏距离，通过最近邻的视觉单词来表示该图像。图 5.2(d)得到的 50×200 矩阵就是 50 幅图像的视觉单词 200 维向量表示。根据图 5.2(a)中各个视觉单词出现的统计分布，得到表述该图像的视觉单词统计直方图，如图 5.2(e)所示。

(a) 场景中一幅图像

	1	2	3	4	5	6	7	8	9	10	11
1	0.0075	0.0075	0	0.0021	0.0027	0.0007	0.0048	0	0.0089	0.0014	
2	0.0041	0.0048	0.0007	0	0.0055	0.0062	0.0027	0.0021	0.0069	0.0041	0.
3	0.0254	0.0055	0.0089	0.0041	0.0027	0.0041	0	0.0007	0.0007	0.0027	0.
4	0.0034	0.0034	0.0034	0.0027	0.0027	0.0041	0.0048	0.0048	0.0027	0.0007	
5	0.0096	0.0027	0.0075	0.0027	0.0103	0.0014	0.0048	0.0014	0.0007	0.0069	0.
6	0	0.0082	0.0014	0.0069	0.0021	0	0.0048	0.011	0.0014	0	0.
7	0.0089	0.0055	0.0021	0	0.0062	0.0082	0.0082	0.0021	0.0082	0.0034	0.
8	0.0027	0.0007	0.0021	0.0062	0.0034	0.0069	0.0034	0.0027	0	0.0144	0.
9	0.0021	0.0089	0	0.0007	0.0041	0.0041	0.0007	0.0021	0.0034	0.0007	
10	0.0069	0.0014	0.0096	0.0027	0.0014	0.0014	0.0007	0.0021	0.0014	0.0014	0.
11	0.0075	0.0021	0.0069	0.0075	0.0021	0.0082	0.0041	0.0021	0.0048	0.0055	0.
12	0	0.0027	0.0165	0.0117	0.0027	0.0014	0.0103	0.0014	0.0007	0.0103	0.
13	0.0027	0.0089	0.0014	0.0069	0.0062	0.0034	0.0027	0	0	0.0048	0.
14	0.0075	0.0021	0.0048	0.0192	0.0041	0.0021	0.0027	0.0062	0.0034	0.0034	0.

(b) SIFT 特征向量的表示

	1	2	3	4	5	6	7	8	9	10	11
1	0.0151	0.0187	0.0293	0.0217	0.0183	0.0206	0.048	0.0214	0.0207	0.0245	0.
2	0.0119	0.0106	0.0116	0.0095	0.0125	0.019	0.0406	0.0209	0.0128	0.0113	0.
3	0.0466	0.1398	0.0572	0.019	0.0356	0.0757	0.0369	0.0154	0.059	0.2051	0.
4	0.0154	0.0252	0.0294	0.0332	0.0653	0.1623	0.1349	0.0301	0.0113	0.0182	0.
5	0.0459	0.099	0.0472	0.0243	0.0522	0.0978	0.0498	0.0218	0.073	0.1791	C
6	0.0071	0.0078	0.0135	0.0049	0.0084	0.0563	0.2735	0.0829	0.0062	0.0072	0.
7	0.0141	0.0185	0.0202	0.0131	0.0154	0.018	0.0315	0.0146	0.016	0.0157	0.
8	0.0798	0.0481	0.0465	0.0544	0.039	0.0224	0.0364	0.085	0.0861	0.0424	0.
9	0.2332	0.0786	0.0165	0.0119	0.0181	0.0205	0.0357	0.131	0.2667	0.1123	0.
10	0.0104	0.0162	0.0217	0.0127	0.0085	0.0618	0.3571	0.0633	0.0199	0.0299	0.
11	0.0322	0.0485	0.0508	0.0404	0.0467	0.0701	0.0624	0.0384	0.0449	0.1156	0.
12	0.0131	0.0147	0.0699	0.1624	0.0601	0.0227	0.0237	0.0228	0.0198	0.0185	0.
13	0.0333	0.0421	0.0435	0.0326	0.033	0.0303	0.0345	0.0307	0.0427	0.0424	0.
14	0.0374	0.0593	0.0786	0.0524	0.0384	0.0362	0.0336	0.0316	0.0411	0.0531	0.

(c) 视觉词典

	1	2	3	4	5	6	7	8	9	10	11
1	0	0	0.0003	0.0058	0.3271	0.2711	0.3271	0.0181	5.8853e-010	0.0008	0
2	0	0.0003	0.0199	0.0972	0.2839	0.0264	0	0	0	0.0175	
3	0.0092	0.0506	0.0826	0.0608	0.2725	0.0107	0	0.0017	0.0126	0.0793	0
4	0.0021	0.0239	0.406	0.2313	0.0663	0.0011	0	0	0.0046	0.0359	0
5	0.0332	0.0212	0.0002	0.0199	0.1972	0.0047	0	0.005	0.0246	0.0053	
6	0.0002	0.0183	0.0617	0.062	0.1245	0.0051	0.0038	0.0039	0.0002	0.0039	0
7	0.0025	0.0213	0.0105	0.0165	0.2018	0.0104	0.0032	0.0073	0.0077	0.0086	0
8	0.0141	0.0474	0.0046	0.0165	0.2072	0.0065	1.2898e-020	0	0.0173	0.0871	0
9	0.0449	0.0143	0.0012	0.0157	0.1236	0.0136	0	0.0079	0.0781	0.0012	0
10	0.0124	0.0077	0.0062	0.021	0.1404	0.0546	0.0099	0.101	0.0042	0.0184	0
11	0.0047	0.0005	0	0.0015	0.1359	0.0531	0.0151	0.0368	0.0327	0.0073	
12	0.0359	0.0246	0.0001	0.0108	0.186	0.0075	7.4559e-015	0.0002	0.0615	0.024	0

(d) 50 幅图像的 BOV 表示

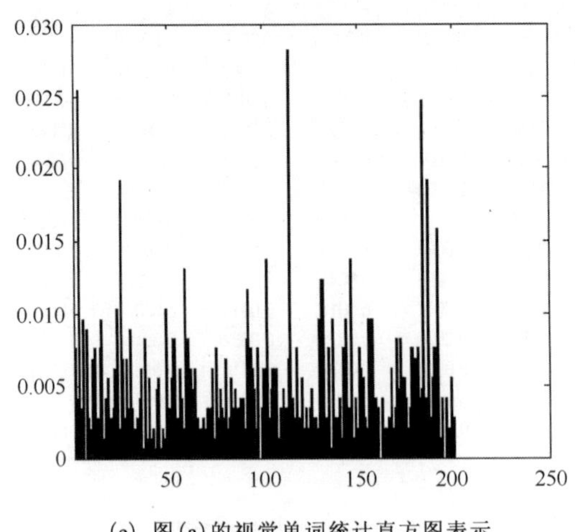

(e) 图(a)的视觉单词统计直方图表示

图 5.2 图像的视觉单词统计直方图构造过程

5.3 基于频繁加权概念格的视觉词典生成与场景分类方法

一幅图像的视觉单词直方图描述了该图像中视觉单词出现的概率值，一组训练图像集的所有各幅训练图像所生成的直方图，在本质上关于视觉词典中每个视觉单词出现的概率值就形成了一个概率矩阵。因此，可以将训练图像集视为对象集、所对应的视觉词包中的各视觉单词作为属性集，每幅图像中针对相应视觉词包中的视觉单词的概率值通过某种归一化方法，生成形式背景，进而可以构造一种概念格结构，利用该结构研究训练图像集中各视觉单词之间的关系，以生成一种有效的表示图像的视觉词典。

5.3.1 算法思想

基于频繁加权概念格的视觉词典生成与分类算法的主要思想为：针对各语义类别构造频繁加权概念格结构，利用该结构的层次与约简特点，依据外延数阈值，生成约简的全局视觉词典和类别视觉词典，然后再利用 KNN 方法对场景语义进行标注，该视觉词典生成与分类算法框架如图 5.3 所示[164]。

算法具体执行步骤为：

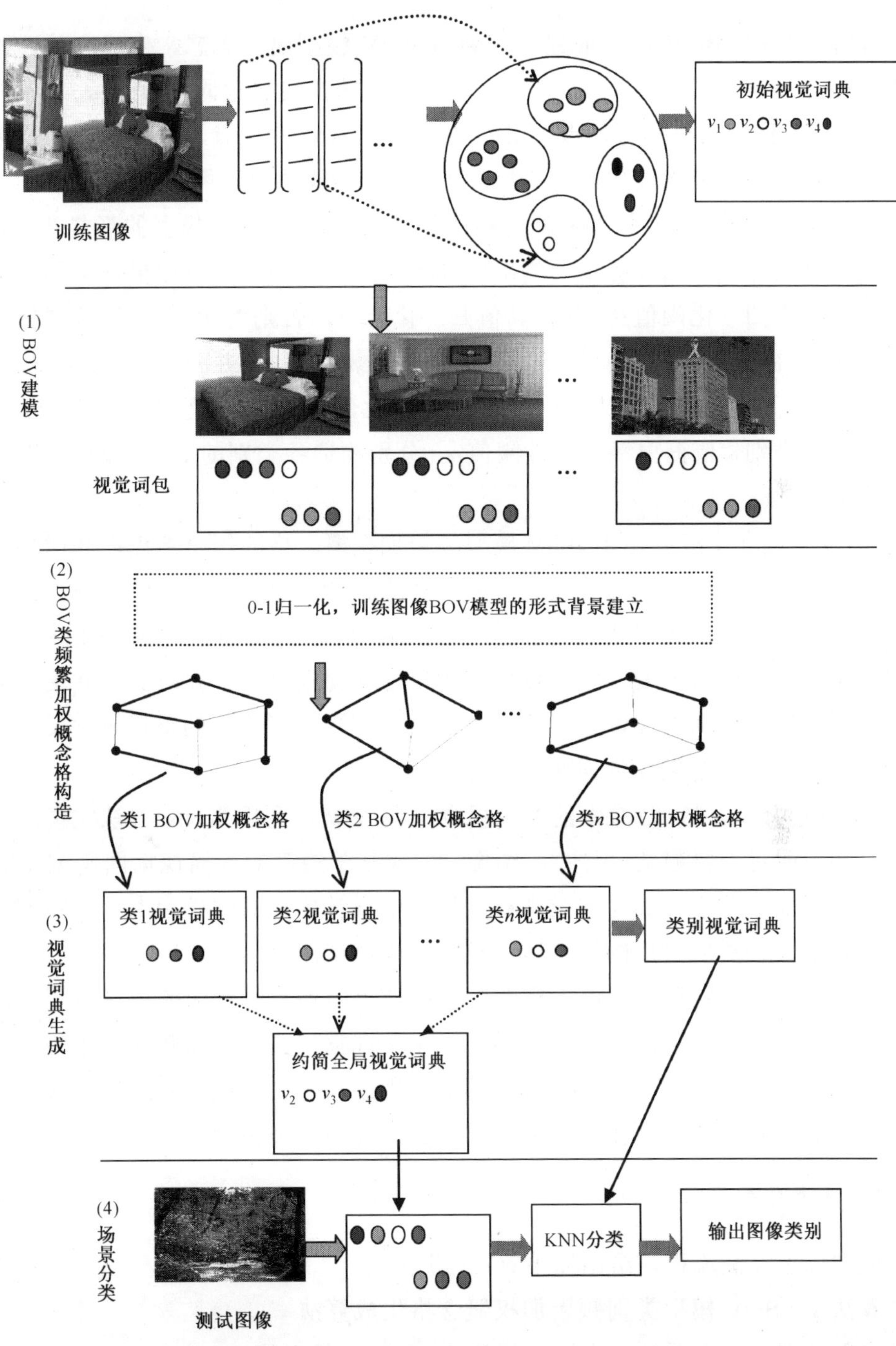

图 5.3　视觉词典生成与分类

(1)训练图像 BOV 模型的建立。利用 BOV 模型建立思想，生成有关训练图像的初始全局视觉词典 $\mathrm{VW}_{\mathrm{old}}$，并建立每幅训练图像的视觉词包 Bag($d_i$)。本书采用 DOG 算子检测器检测特征点，SIFT 描述子描述该特征点，按照最近邻原则，聚类形成初始全局视觉词典 V_{old}，生成每幅训练图像的直方图。

(2)BOV 模型类别频繁加权概念格的构造。为形成 BOV 模型的形式背景，根据每幅训练图像中初始视觉单词的出现频率，进行 0-1 归一化(如果视觉单词出现的频率不小于归一化阈值β，则将其值归一化为 1，否则为 0)，将训练图像集作为对象集 G，视觉单词和所属的场景语义词作为属性集 M，并利用式(2.3)、式(2.4)和式(2.5)获取视觉单词的权值 weight(v_i)，由此建立 BOV 模型的形式背景。对于各场景语义类别，依据内涵重要性阈值α，分别构造各类别的 BOV 模型频繁加权概念格 $L_{\mathrm{fw}i}$。

(3)视觉词典生成。由于 BOV 模型频繁加权概念格的每个结点内涵由视觉单词组成，外延为共同具有这些视觉单词的训练图像集组成，因此结点外延数能有效反映某一类别图像集中共有的视觉单词。BOV 模型类别频繁加权概念格结点，选取外延数大于阈值 γ 的一些结点内涵所包含的视觉单词，并对其求并集生成各场景语义类别视觉词典 VW_i。对各场景语义类别视觉词典中的单词求并集，即为最终生成的约简的全局视觉词典 $\mathrm{VW}_{\mathrm{new}}$。

(4)场景分类。依据(3)中的类别视觉词典 VW_i，利用 KNN 方法实现图像的场景分类，即对于要测试(标注)的图像，生成基于约简的全局视觉词典 $\mathrm{VW}_{\mathrm{new}}$上的直方图，然后分别求其与各类别视觉词典中视觉单词的欧氏距离，将距离值最小的类别视觉词典所对应的场景语义类别标识测试图像。

从上述方法可以看出，由于概念格不同结点的外延所对应的内涵不同，所以根据不同的外延数阈值，可以得到不同大小的视觉词典。不同数量大小的视觉词典，其分类精度就不同。因此，该视觉词典生成和分类方法可以通过调整外延数阈值，动态地获取不同数量大小的视觉词典，提高分类精度。

5.3.2 算法描述

根据以上算法流程，给出以下算法描述：

算法 1 BOV 模型类别频繁加权概念格生成算法

输入：训练样本图像、内涵权值阈值α和归一化阈值β。

输出：BOV 模型类别频繁加权概念格 L_{fw}。

(1) 生成训练样本图像的初始视觉词典 V_{old}，并形成各训练样本 BOV 模型的概率矩阵 D;

(2) For D 的每个值 $D[i]$

　　//归一化过程，$D[i]$为属性集 M 中由视觉单词构成的属性值

(3)　　If $D[i]>\alpha$ Then

(4)　　　　$D[i]=1$;

(5)　　Else $D[i]=0$; End If

(6) End For

(7) For M 中每个视觉单词构成的属性 m

(8)　　$\text{weight}(m) \leftarrow -\sum_{i=1}^{n} p\left(\frac{m}{g_i}\right)\log_2\left[p\left(\frac{m}{g_i}\right)\right]$;

(9) End For

(10) For M 中每个场景语义类别，依据内涵权值阈值α，构造 BOV 模型类别频繁加权概念格 L_{fw}

(11)　　构造 BOV 模型类别频繁加权概念格 L_{fw};

(12) End For

(13) End

算法 2　频繁加权概念格视觉词典生成-分类算法

输入：测试图像，BOV 模型各类别的频繁概念格 L_{fw} 和外延数阈值 γ。

输出：各场景类别视觉词典 VW_i、全局视觉词典 VW_{new} 和测试图像场景类别。

(1) $VW_i=\varnothing$;　　//求取各类别视觉词典 VW_{class}，$|A|$为结点 h_w 的外延数

(2) For 遍历 BOV 模型每个类别频繁加权概念格结点 $h_w=(A, B, w)$

(3)　　If $|A|\geqslant\gamma$ Then

(4)　　　　$VW_i=VW_i\cup\{B\}$;

(5)　　End If

(6) End For

(7) 求各类别视觉词典 VW_i 的并集 PRS_i　　//求最终全局视觉词典 VW_{new}

(8) $VW_{\text{new}}\leftarrow PRS_i$

(9) For 每幅测试图像

(10)　　生成基于约简的全局视觉词典 VW_{new} 上的直方图;

(11)　　求每幅测试图像与各类别视觉词典中 VW_i 的欧氏距离;

(12)　将与其距离最小值的场景类别名称标注测试图像;

(13) End For

(14) End

5.3.3　举例

假设由两类场景 6 幅图像(c_1 为 Mountain 类，c_2 为 Forest 类)组成训练图像集 Image=$\{d_1, d_2, \cdots, d_6\}$，按照 5.3.1 节算法(1)步，建立训练图像集的 BOV 模型，生成初始视觉词典 $VW_{old}=\{v_1, v_2, \cdots, v_7\}$，其中 $v_1, v_2, \cdots, v_7$ 表示视觉单词。按照 5.3.1 节算法(2)步方法，生成训练图像集 BOV 的形式背景，表示为 $K_w=(G, M, I, W)$，如表 5.2 所示，$G=\{d_1, d_2, \cdots, d_6\}$，$M=\{v_1, v_2, \cdots, v_7, c_1, c_2\}$，依据第 2 章中的式(2.3)和式(2.4)，并获取视觉单词的权值 $W=\{0.085, 0.195, 0.195, 0.206, 0.152, 0.168, 0\}$。设定内涵重要性阈值$\alpha$=0.142，对于表 5.2 中的 BOV 形式背景，依据文献[30]中的算法，分别构造类别 c_1 和类别 c_2 的频繁加权概念格为 L_{fw1} 和 L_{fw2}，如图 5.4 和图 5.5 所示。

表 5.2　BOV 形式背景

	v_1	v_2	v_3	v_4	v_5	v_6	v_7	c_1	c_2
d_1	1	1	1	0	0	0	1	1	0
d_2	1	0	0	1	1	0	1	0	1
d_3	0	1	0	0	1	0	1	0	1
d_4	1	0	1	1	0	0	1	1	0
d_5	0	0	0	0	0	1	1	0	1
d_6	1	1	1	0	1	0	1	1	0

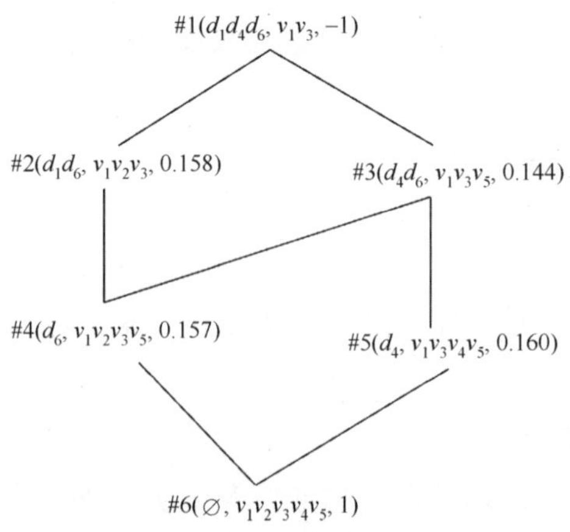

图 5.4　类别 c_1 的频繁加权概念格 L_{fw1}

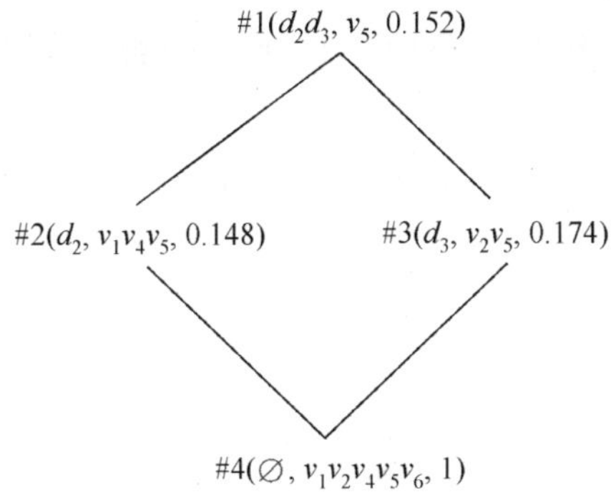

图 5.5 类别 c_2 的频繁加权概念格 L_{fw2}

设定外延数阈值γ=2，以下对从图 5.4 和图 5.5 中已构造好的频繁加权概念格中，按照 5.3.1 节算法(3)步获取的视觉词典进行分析。对类别 c_1 的频繁加权概念格 L_{fw1} 进行分析有：

(1) $VW_1=\varnothing$; //VW_1 表示类别 c_1 的视觉词典

(2) 外延数满足γ的结点为#2 和#3;

(3) 取(2)中结点内涵的并集得 $VW_1 \leftarrow \{v_1, v_2, v_3, v_5\}$，则生成类别 c_1 的视觉词典为$\{v_1, v_2, v_3, v_5\}$。

对类别 c_2 的频繁加权概念格 L_{fw2} 进行分析有：

(1) $VW_2=\varnothing$; //VW_2 表示类别 c_2 的视觉词典

(2) 外延数满足γ的结点为#1;

(3) 取(2)中结点的内涵得 $VW_2 \leftarrow \{v_5\}$，则生成类别 c_2 的视觉词典为$\{v_5\}$。

通过构造的两类频繁加权概念格，根据视觉单词对语义类别的贡献，分别得到两类视觉词典，合并 VW_1、VW_2，生成最终表示图像语义的约简的全局视觉词典 $VW_{new}=\{v_1, v_2, v_3, v_5\}$，该视觉词典约简了初始的视觉单词 v_4, v_6, v_7。对于一幅待标注的图像，按照 5.3.1 节算法(4)步，依据约简的全局视觉词典建立其直方图，然后根据两类视觉词典，按照 k 最近邻方法，进行场景分类。

从该例子可以看出，若外延数阈值γ =1，按照上述方法则可以获得类别 c_1 的视觉词典为$\{v_1, v_2, v_3, v_4, v_5\}$，$c_2$ 的视觉词典为$\{v_1, v_2, v_4, v_5\}$,则最终生成表示图像语义的约简的全局视觉词典为$\{v_1, v_2, v_3, v_4, v_5\}$。从该例子可以看出，根据不同的外延数阈值$\gamma$，能很方便地获取表示图像的不同大小的约简的全局视觉词典和类别视觉词典，由于基于不同大小的视觉词典的图像表示可以获得不同的分类精度，因此，该方法能根据分类精度从频繁加权概念格中，通过调整外延数阈值，获取不同大小的视觉词典，来进一步提高分类的性能。

可见，基于频繁加权概念格的视觉词典生成与分类方法的研究，对生成有效表示图像的 BOV 模型，提高图像语义分类的精度，以及加权概念格的应用研究都具有一定的意义。

5.4　实验结果分析

实验采用了 Lazebnik[99]的 15 类场景图像库进行实验，以验证算法的有效性。该图像库是在 OT8(由 Oliva 和 Torralba 提出[165])的 8 类场景图像库的基础上，增加了 7 类场景，共 4485 幅图像，表 5.3 给出了 Lazebnik 场景图像库的场景类别和示例图像。

随机选取每类图像各 50 幅作为训练集，50 幅图像作为测试集，采用 k 最近邻方法进行分类，实验中对 5 次随机划分得到的训练图像集和测试图像集，分别统计每次划分的分类精度和耗时，将 5 次分类的精度和耗时的均值作为最终的分类性能评估值。

表 5.3　场景图像类别示例

类别	Highway	City	Building	Street	Forest
示例图像					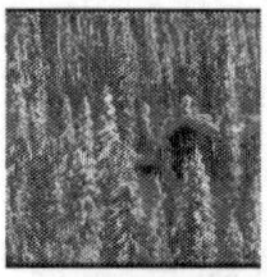
类别	Coast	Mountain	Opencountry	Suburb	Bedroom
示例图像					
类别	Kitchen	Livingroom	Office	Industrial	Store
示例图像					

5.4.1　视觉词典大小对分类性能的影响

利用该算法分析视觉词典大小对分类性能的影响，现设定不同大小的视觉单词{50, 100, 200, 400, 600, 900}，实验结果如图 5.6 所示。从图 5.6(a)中可以看出，随着视觉单词数目的不断增多，分类时间逐渐增大，因为视觉单词数目变多之后，测试图像中的视觉单词与各类别视觉词典中视觉单词的匹配次数相应增多。从图 5.6(b)中可以看出：一方面，较少的视觉单词判别力不高，可能导致不相似的两个视觉单词分配到同一个类别中；另一方面，随着视觉单词数目的不断增多，分类性能有所提高，但最终的分类精度趋于平稳。在我们的实验中，当每类视觉单词的数目为 200 时，分类性能较好，当大于 200 时，分类趋势有所下降，这是因为每一图像块标记为不同的视觉单词，过多的视觉单词泛化能力有限，所以分类精度不再提高反而有所下降。因此，视觉词典中视觉单词的大小，即不同大小的视觉词典其分类精度和效率不同。

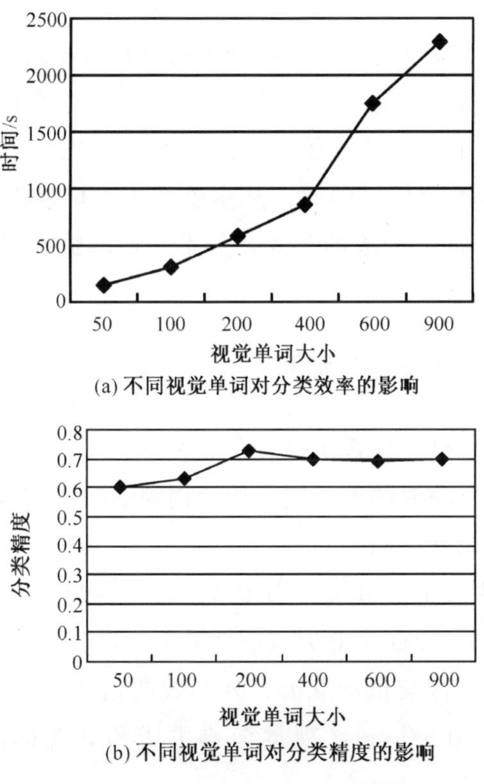

(a) 不同视觉单词对分类效率的影响

(b) 不同视觉单词对分类精度的影响

图 5.6　视觉单词数目对分类的影响

5.4.2 归一化阈值对分类性能的影响

在本书的文算法中，训练图像视觉词包模型归一化阈值也是影响视觉词典生成和分类的一个因素，我们采用了分类精度较高的视觉单词数目为 200 的视觉词典，对其进行验证。

给定内涵重要性阈值α=0.05，外延数阈值 γ = 15，aver 为 BOV 模型概率矩阵中所有概率的平均值，归一化阈值 β 分别取 0.3*aver、0.5*aver、0.7*aver 和 0.9*aver，实验结果如图 5.7 所示。由图 5.7 的(a)中可以看出，随着归一化阈值的逐渐增大，分类所需时间依次减少，这是因为归一化阈值增大的同时，基于 BOV 模型的形式背景(即 0-1 表)就会越来越稀疏，生成的频繁加权概念格结点就会相应减少，从而分析约简得到的视觉单词就会缩减，实验中四种归一化阈值情况下得到的训练集的视觉单词个数依次为 2926、2755、2297、1542(初始视觉词典中包含 15 类，每类 200 个，共 3000 个视觉单词)，所以分类耗时就会减少。从图 5.7 的(b)中可以得到，阈值取 0.5 时分类精度有所提高，而值为 0.7、0.9 时精度大大减少。因为随着归一化阈值的增大，基于 BOV 模型的形式背景中被判定为图像所具有的视觉单词属性就越来越少，可能导致所删除的视觉单词并非冗余的，从而影响了分类效果。因此，从实验结果中可以得出，不同的归一化阈值 β 归一化的程度不同，形成的形式背景不一样，数据缺失程度不同，生成的视觉单词和分类精度也就不同。

5.4.3 外延数阈值对分类性能的影响

视觉词典的生成是根据频繁加权概念格的外延数，通过求内涵的并集而得到，不同的外延数阈值，所获取的表示图像的全局视觉词典和映射的类别视觉词典可能不同，分类的性能也就不同。

给定内涵重要性阈值α=0.05，外延数阈值 γ=15，归一化阈值 β 分别取 0.3*aver、0.5*aver、0.7*aver、0.9*aver，视觉词典生成和分类的时间和精度如表 5.4 所示。内涵重要性阈值α=0.05，外延数阈值为 γ=25，归一化阈值分别取 0.1*aver、0.3*aver、0.5*aver，视觉词典生成和分类的时间和精度如表 5.5 所示。

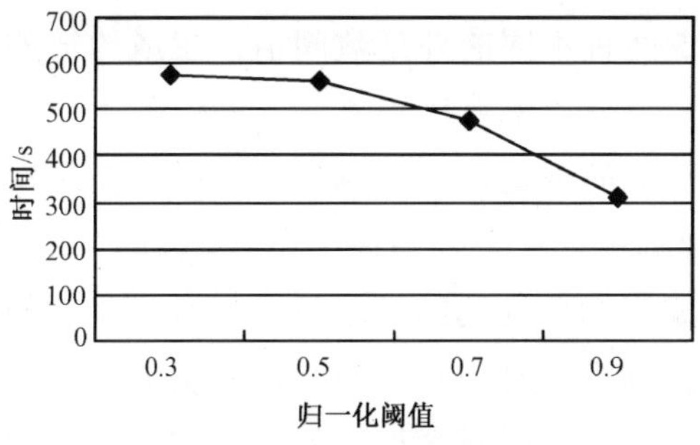

(a) 不同归一化阈值对分类效率的影响

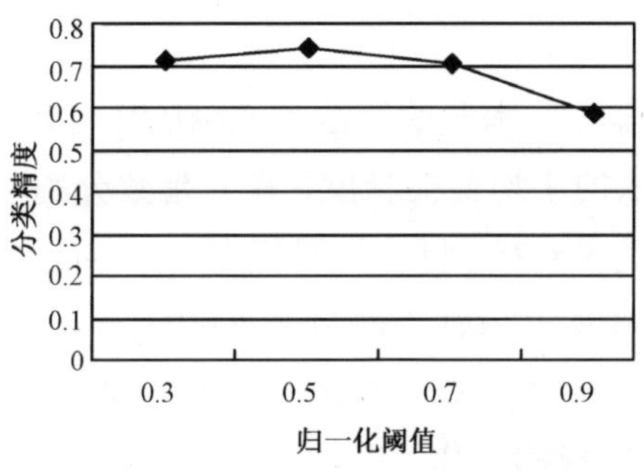

(b) 不同归一化阈值对分类精度的影响

图 5.7　归一化阈值 β 对分类的影响

表 5.4　γ=15，视觉词典生成和分类的时间和精度

归一化阈值 β	全局视觉词典的大小	时间/s	精度/%
0.3*aver	2926	573.436	70.8
0.5*aver	2755	561.626	74.0
0.7*aver	2297	474.502	70.4
0.9*aver	1542	307.451	58.4

表 5.5　γ=25，视觉词典生成和分类的时间和精度

归一化阈值 β	全局视觉词典的大小	时间/s	精度/%
0.1*aver	2888	575.217	74.8
0.3*aver	2584	523.286	66.8
0.5*aver	1931	401.500	47.2

从表 5.4 和表 5.5 可以看到，在归一化阈值为 0.3*aver 和 0.5*aver 两种情况下，

分别取 $\gamma = 15$ 和 $\gamma = 25$ 两种不同的外延数阈值，生成约简的全局视觉词典中所包含的视觉单词个数不同，分类的精度也不同。γ 值越大，生成视觉单词的结点越靠近概念格的上端，形成的视觉词典就越小，分类的时间短一些，但分类精度不一定很好，因为要求视觉单词在多幅图像中出现，因此生成的视觉单词可能是“多义词”。γ 值越小，生成视觉单词的结点就越靠近频繁加权概念格的下端，形成的视觉词典就越大，尽管分类的时间长一些，但分类的精度有所提高。因此，利用一次生成的 BOV 模型频繁加权概念格，能够很方便地通过设置不同的外延数阈值，选取不同层次的概念格结点，动态地生成不同数量大小的视觉词典，来提高分类的精度和性能。

在同样的实验数据集上，本章的算法与文献[90]、[99]～[101]进行了比较，从表 5.6 中可以看出：算法的平均分类精度，在外延数分别取 $\gamma = 15$、归一化阈值为 0.5*aver 和外延数阈值为 $\gamma = 25$、归一化阈值为 0.1*aver 时，取得了更好的分类效果，从而验证了本书算法的有效性。而与文献[102]相比，实验的分类效果要差一些，因此，如何更加合理地设置归一化阈值，动态调整合适的外延数阈值，以提高分类精度是下一步要完成的工作。

表 5.6　本书方法与其他方法的比较

对比文献	分类精度/%
文献[90]	65.2
文献[98]	72.2
文献[99]	73.4
文献[100]	73.1
文献[101]	83.7
本书算法（0.5*aver）	74.0
本书算法（0.1*aver）	74.8

5.5　小　　结

本章介绍了一种新的基于频繁加权概念格的视觉词典生成和分类方法，该方法利用信息熵获取不同视觉单词的权值，以标识视觉单词在图像表示方面的不同重要性。然后针对各场景语义类别，构造 BOV 模型类别频繁加权概念格。

根据加权概念格层次结构，通过设定不同的外延数阈值，动态地生成不同大小的、表示图像的各场景语义类别视觉词典和约简的全局视觉词典。利用该方法能够获得有效表示图像集的粒度大小不同的视觉词典和较好的分类性能，对于 BOV 模型的理论研究与加权概念格的应用研究都有一定的价值。另外，如何利用 BOV 模型和加权概念格、对图像语义进行自动粒标注是下一步需要研究的工作。

第 6 章　加权概念格在天体光谱数据挖掘中的应用

6.1 引　言

大天区面积多目标光纤光谱望远镜(the large sky area multi-object fiber spectroscopic telescope，LAMOST)是一架横卧南北方向的中星仪式反射施密特望远镜。LAMOST 具有以较高效率大规模测量天体光谱的能力，可提供的研究课题将遍及天文学多个层次，从恒星、银河系、星系、星系团、活动星系核，直到宇宙大尺度结构。预计每个观测夜晚将收集 2 万～4 万条光谱的数据，因此 LAMOST 所观测到的光谱数据容量可达 4TB。利用传统人工处理数据的方式将无法满足实际需求，亟须研究新的以计算机为主的全自动分析技术。目前，由于天文界对宇宙的认识还比较有限，而 LAMOST 巡天计划的一个重要任务是要发现一些新的、特殊类型的天体，因此，如何利用数据挖掘技术从海量天体光谱数据中发现未知的、特殊的天体及天体规律是数据挖掘值得研究和探索的新应用领域，而且对于人类能更深入地认识宇宙、探索宇宙奥妙具有重要意义。

6.2 面向 LAMOST 的天体光谱数据挖掘技术

6.2.1 LAMOST 项目简介

LAMOST 是一架视场为 5°，横卧于南北方向的中星仪式反射施密特望远镜，该望远镜在 2008 年落成。LAMOST 是一架由我国自主创新设计、在技术上非常具有挑战性的大型光学望远镜，也是我国口径最大的望远镜。作为国家重大科学工程，LAMOST 项目在 1997 年 4 月立项，2001 年 8 月动工，2009 年 6 月通过验收。

LAMOST 计划的主要目标是用来进行大规模光谱巡天。该望远镜装备有 4000 根光纤，能够同时观测 4000 个天体目标，是国家重大科学工程项目，也是世界上光谱获取率最高的望远镜。预计 LAMOST 所观测到的光谱数据容量将有可能达到 4TB。

对海量光谱数据的全自动分析技术在全世界范围内是一个全新的课题，它包括光谱的自动识别、分类和参数测定。由于天文界对宇宙的认识还比较有限，LAMOST 巡天计划的一个重要任务是要发现一些新的、特殊类型的天体，因此，如何利用数据挖掘技术从海量天体光谱数据中发现未知的、特殊的天体及天体规律是数据挖掘值得研究和探索的新应用领域。而未知类型或特殊类型的区分，涉及天文上如何对未知和特殊类型的定义，这个定义即使在天文界都还有待研究和发展，因此，会给自动识别和分类带来很大的难度。要想真正解决天体光谱的识别和分类问题，必须有足够的能用以准确地分类的天文专家知识支持。如何将分类树上每个结点的专家天体知识进行规则化并融入相应的海量天体光谱数据挖掘算法中，以尽可能地实现计算机自动较准确地进行识别和分类，是一个重要的研究主题。

6.2.2 天体光谱数据挖掘技术

当前数据挖掘技术在天体光谱中的应用主要集中在光谱的分类和识别问题[165-171]。天文学界研究得较多的是恒星光谱的分类识别，具有代表性的是 Autoclass。它是基于贝叶斯统计的一种分类方法，使用非监督学习算法，其结果与传统分类序列不完全一致，现在还处于不断发展之中。不过，它已成功地用于红外天文卫星 IRAS 的低分辨率光谱的分类，并且其独特的分类结果发现了一些以前未注意的光谱类型和谱线。Gulati、von Hippel 等首先采用两层 BP 神经网络方法进行恒星光谱次型的分类，Jones 等采用多个 BP 网络平均进行恒星光谱次型的分类识别，但是由于 BP 网络自身的缺陷，其学习收敛的速度及初始化对收敛的影响是不容忽视的。在 Kurtz 博士论文中，采用交叉相关和主分量分析法，把 MK 方法用于低分辨率光谱，但是其结果对光度型的识别不太好。

在 LAMOST 计划的推动下，国内对光谱自动分析处理的研究已经进行了十几年。光谱自动分析要求对每一条光谱进行自动识别和测量，从而提取出所包含的各种信息。一些典型的研究成果为薛剑桥等在 1999 年采用自适应神经网络 SOFM 进行了恒星光谱的分类识别；邱波等在 2002 年采用基于粗糙集的自动提取分类规则的方法进行了恒星光谱的分类识别[167]；覃冬梅在 2003 年提出了基于主分量分析法的二维恒星特征空间的快速光谱识别方法等[168]。从掌握和了解的国内外研究现状可以看出，绝大部分研究工作集中在利用数据挖掘中的各种分类方法（贝叶斯网络、人工神经网络和粗糙集）实现天体光谱数据的自动分类。但由于人类对天体认识还很有限，以及天体光谱的多样性和信噪影响，要想真正解决天体光谱的识别和分类问题，必须有足够的能用以准确分类的天文知识。如何将天文知识进行规则化并融入相应的分类算法中，以尽可能地实现计算机自动较准确地进行分类，是天体光谱数据挖掘中的一个重要研究问题。另外，采用数据挖掘方法（如关联规则），结合天体知识，从海量天体光谱数据中挖掘特殊天体和未知天体是值得探讨和研究的新领域。

6.3　基于频繁加权概念格的加权关联规则提取方法

概念格是知识表示和数据分析的一种有效工具，概念格中的每个结点本质上是一个最大项目集，非常有利于关联规则的提取。加权概念格是一种刻画内涵重要性的概念格结构。频繁加权概念格在加权概念格的基础上通过引入虚结点的概念，只生成频繁结点和虚结点，节省了概念格的构造时间和存储空间。目前，利用概念格提取的关联规则大多是在用户对属性的感兴趣程度相同的基础上，根据用户设置的支持度阈值和置信度阈值来提取关联规则。但是在实际应用中，用户对这样提取出来的关联规则知识不一定都是感兴趣的，而且产生大量的无用规则会影响提取规则的效率。本节主要介绍一种基于频繁加权概念格的布尔型加权关联知识提取的方法，该方法利用频繁加权概念格中结点均是频繁结点和虚结点的特性，根据加权支持度和加权置信度对构造好的频繁加权概念格进行加权关联规则提取。由于只对频繁结点进行规则提取，提取出来的加权关联规则的加权支持度较高，可以有效地提高加权关联知识的提取效率。

6.3.1　基本定义

定义 6.1　对于频繁结点 $h=(A, B, w)$，内涵 $B=\{m_1, m_2, m_3, m_4, \cdots, m_p\}$，设 $|A|$ 为频繁结点 h 的外延中所包含的对象个数，N 为数据库中总交易个数，则该结点的加权支持度定义为

$$\mathrm{wsup}(h)=\frac{|A|}{N}\times\sum_{m_i\in B}\mathrm{weight}(m_i) \tag{6.1}$$

定义 6.2　对于规则 $X=>Y$，$X=\{m_1, m_2, m_3, m_4, \cdots, m_p\}$，$Y=\{m_{p+1}, \cdots, m_q\}$，设

support(X)为数据库中支持 X 的交易数，N 为总交易个数，则该规则的加权支持度定义为

$$\text{wsup}(X=>Y)=\frac{\text{support}(X\cup Y)}{N}\times\sum_{i=1}^{p}\text{weight}(m_i) \tag{6.2}$$

加权置信度为

$$\text{wconf}(X=>Y)=\frac{\text{support}(X\cup Y)}{\text{support}(X)} \tag{6.3}$$

设 mwsup 为加权支持度阈值，mwconf 为加权置信度阈值。如果 wsup$(X=>Y)$ ≥mwsup 且 wconf$(X=>Y)$≥mwconf，则称该规则为强加权关联规则。

频繁加权概念格中的结点分为频繁结点和虚结点两种，在第 3 章中已经提到，虚结点是为了保证格结构而存在。由于这些结点实际上是非频繁结点，所以在加权关联知识提取时这些结点可以不予考虑。

对于频繁加权概念格中的结点二元组(h_1, h_2)，$h_1=(A_1, B_1, w_1)$，$h_2=(A_2, B_2, w_2)$，h_1 为 h_2 的子概念且 h_1，h_2 均为频繁结点，如果 h_1 的加权支持度大于加权支持度阈值，则由 h_1 与 h_2 即可提取出规则 $B_2=>B_1-B_2$，且这条规则的加权支持度为 $\text{wsup}(B_2=>B_1-B_2)=\frac{|A_1|}{N}\times\sum_{m_i\in B_1}\text{weight}(m_i)$，加权置信度为$|A_1|/|A_2|$。其中，$|A_1|$和$|A_2|$分别为频繁结点 h_1 和 h_2 的外延中所包含的对象个数。因此，对于给定的加权支持度和加权置信度阈值，很容易通过频繁加权概念格得到加权关联规则。

6.3.2 基本思想

基于频繁加权概念格的关联规则提取方法的基本思想是：在已经生成的频繁加权概念格中，对于任意频繁结点 h，如果 h 的加权支持度大于加权支持度阈值，则 h 与 h 的祖先结点中的每个频繁结点都存在一条规则。对于每条规则，如果该规则的加权置信度大于加权置信度阈值，而且该规则的前件是波长，后件是物理化学性质，则保留该规则，否则不保留。

6.3.3 算法描述

根据上述提到的算法思想，基于频繁加权概念格的加权关联规则提取算法(AWRFWCL)描述如下。

算法：AWRFWCL（an algorithms for mining weighted association rules based on frequent weighted concept lattice）

输入：频繁加权概念格 L_{fw}，加权支持度阈值 mwsup，加权置信度阈值 mwconf。

输出：加权关联规则集 RuleSet。

```
(1) For L_fw 中每个频繁结点 h_w=(A, B, w)
(2) If wsup(h_w) ≥ mwsup Then
(3)     For h_w 的祖先结点集中的每个结点 h_p=(A_p, B_p, w_p)
(4)         If w_p!=-1 Then                //h_p 是频繁结点
(5)             提取规则 rule:B_p =>B-B_p
                    //B-B_p 表示属于内涵 B 但不属于内涵 B_p 中的属性
(6)             If wconf(B_p =>B-B_p) ≥mwsup AND (B_p 为波长,B-B_p 为性质) Then
(7)                 RuleSet=RuleSet ∪ rule
(8)             End If
(9)         End If
(10)    End For
(11) End If
(12) End For
(13) End AWRFWCL
```

在频繁加权概念格中，只存在频繁结点和虚结点，而虚结点不参与规则提取。上述算法是在频繁加权概念格中对频繁结点之间进行规则提取，这些规则都具有较高的加权支持度，因此提取出来的规则数目少，提高了规则提取的效率。根据用户设置的加权置信度在规则集中筛选强加权关联规则，保证了这些规则是用户感兴趣的关联知识。

6.4　基于频繁加权概念格的天体光谱关联知识挖掘系统

6.4.1　系统功能与体系结构

采用关联规则描述天体光谱数据波长处特征与其物理化学性质之间的关联关系，来刻画天文规律是一种有效途径。从海量天体光谱数据中挖掘出的关联规则，刻画和描述一些未知的和特殊的天文规律，对人类探索宇宙具有重要意义。在 Windows XP 操作系统，DBMS 为 Oracle 9i，用 Visual C++ 2005 实现天体光谱关联规则挖掘原型系统。该系统划分为以下功能模块：数据处理、构造频繁加权概念格和加权关联知识提取等，图 6.1 是该原型系统功能模块图。

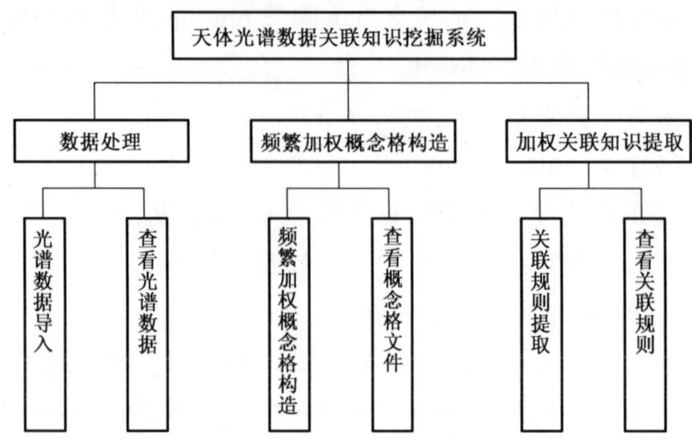

图 6.1 原型系统功能模块

1. 光谱数据导入

选择国家天文台提供的离散化的天体光谱数据文本文件(离散过程请参考相关标准)，将文本文件中的数据导入 Oracle 数据库中用户指定的表中。

2. 查看天体光谱数据

选择 Oracle 数据库中的天体光谱数据表，系统将显示该表中的所有记录的数据内容，其中，波长处的离散化值与含义对应如表 6.1 所示。

表 6.1 波长离散化值与含义对应表

离散化值	宽度	强度	离散化值	宽度	强度
0	无	无	7	宽	较强
1	窄	弱	8	宽	强
2	窄	较弱	9	特宽	弱
3	窄	较强	A	特宽	较弱
4	窄	强	B	特宽	较强
5	宽	弱	C	特宽	强
6	宽	较弱			

3. 频繁加权概念格构造

该模块是系统的主要模块之一。首先，由用户设定背景数据的参数：表名为背景数据在 Oracle 中存放的数据库表名；阈值为用户设定的权值阈值α；点击编辑权值按钮，用户可以自己设定权值，也可以由系统自动生成(系统默认采用归一化的单属性信息熵作为单属性内涵权值)。其次，按照第 4 章的批处理构造算法 BCAWCL 构造频繁加权概念格。最后，保存频繁加权概念格，可以用于查看和提取加权关联规则。

4. 查看概念格文件

显示用户选定的概念格文本文件，显示该文本文件的基本信息，包括构造格挖掘结果输出时设定的参数以及结点信息。

5. 基于频繁加权概念格的加权关联规则提取

由用户选择频繁加权概念格文本文件并设定加权支持度阈值和加权置信度阈值，按 6.3 节中所描述的 AWRFWCL 算法进行加权关联规则提取。

6. 查看加权关联规则

显示用户选择的加权关联规则文件，包括规则、规则的加权支持度和加权置信度、加权支持度阈值、加权置信度阈值。

图 6.2 所示为该系统的软件体系结构图。首先，用户先通过用户接口输入参数；其次，对于用户选定的离散化天体光谱数据表，先进行权值编辑，再根据最小阈值进行频繁加权概念格的构造，并保存到文本文件中；最后，对已保存的概念格数据文本文件进行加权关联规则提取，由用户接口将挖掘结果输出。

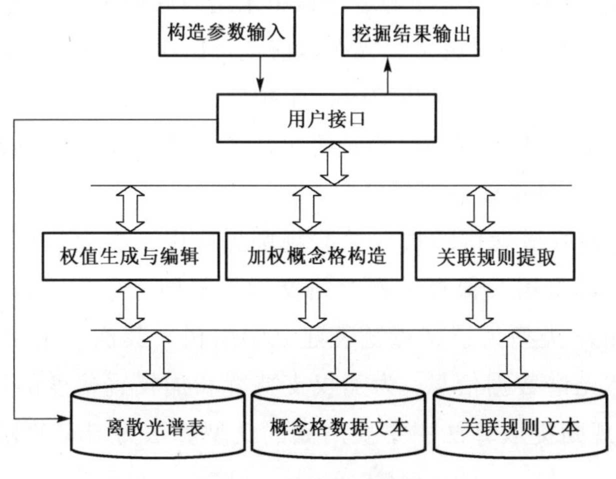

图 6.2　系统体系结构

6.4.2 关键实现技术

ADO(ActiveX Data Objects)是微软的数据访问技术，它具有易于使用、面向对象、可访问多种数据源、访问数据源效率高以及技术编程接口丰富等特点。ADO最重要的三个对象是 Connection、Recordset 和 Command。其中，Connection 用于和数据源的连接，以及处理一些命令和事务；Recordset 用于处理数据源的表格集，它是在表中修改、检索数据的最主要的方法；Command 用于执行某些命令来进行诸如查询、修改数据库结构的操作。

标准模板库 (Standard Template Library，STL)是惠普实验室开发的一系列软件的统称。STL 的代码从广义上讲分为三类：algorithm(泛型算法)、container(容器)和 iterator(迭代器)，几乎所有的代码都采用了模板类和模板函数的方式，这相比于传统的由函数和类组成的库来说提供了更好的代码重用机会。在容器中，vector 和 list 都是顺序容器，vector 内存分配时占用连续空间，查找速度快，但插入和删除速度慢。而 list 在内存中分配空间是零散的，插入和删除速度快，但查找效率较低。map 是关联容器，它是键–值对的集合，它的底层是平衡二叉树结构，查找、插入和删除操作的效率都较高，但每次插入值时要重新构造平衡二叉树，效率会有所影响。

在频繁加权概念格构造过程中，首先采用 ADO 技术连接数据库，并从数据库中获取天体光谱数据信息。其次，用 list 类型来存放所有概念结点，map 类型作为概念结点的索引树，由于在构造过程中采用自底向上内涵交、外延并的方式生成下层结点，而且要判断属性交集在以前是否出现过，所以 map 类型的索引树中键为概念结点的内涵，对应的值为 list 中指向该结点的指针。在算法中采用 find 算法进行二分查找，来判断属性交集是否出现过；采用 set_intersection 和 set_union 来进行交并运算，includes 来判断包含关系。

在基于频繁加权概念格的加权关联规则提取中，主要采用 STL 和 ADO 技术来实现。首先，将用户保存的概念格文本中的结点信息读取出来保存到 list 类型中，并用 map 类型为该结点链表建立索引树。其次，采用 ADO 技术在数据库中读取天体光谱数据信息，为加权支持度和加权置信度的计算提供数据支持。在加权关联规则提取算法中主要用到的泛型算法为 find 算法、set_difference 算法等。

6.4.3　运行结果与分析

以离散化的天体光谱数据作为形式背景，实验中选取的是对象个数为 4000，属性个数为 206，其中①选定间隔为 20Å 的 200 个波长 S3810，S3830，…，S7790 作为波长属性，依据每一波长处的流量、峰宽和形状，将其离散化为 13 种数值之一，并作为该波长处取值。波长处离散值及含义参考表 6.1。②选定温度、物理、化学、微湍流、光度、其他 6 个属性作为物理化学性质。首先，由用户选定离散光谱数据表并设定单属性内涵权值，采用 BCAWCL 算法进行频繁加权概念格的构造，并保存到文本文件中；其次，由用户选定概念格文本文件，采用 AWRFWCL 算法提取加权关联规则，并保存到文本文件中；同时，用户可以查看已保存的概念格文本文件(以及对应的权值)和关联规则文本文件。

(1) 查看天体光谱数据。将用户选定的 Oracle 数据库表中的数据显示出来。显示的数据包括光谱数据的记录号、200 根波长特征线的值以及 6 条物理化学性质的值。图 6.3 所示为显示 4000 条光谱数据的运行结果。

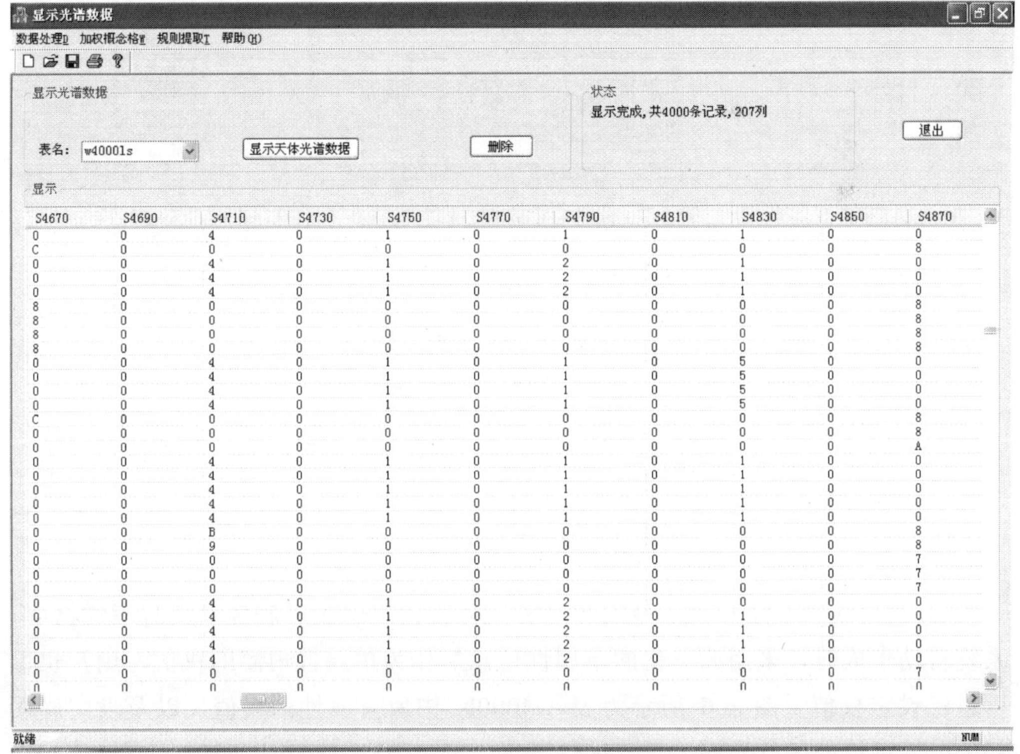

S4670	S4690	S4710	S4730	S4750	S4770	S4790	S4810	S4830	S4850	S4870
0	0	4	0	1	0	1	0	1	0	0
C	0	0	0	0	0	0	0	0	0	8
0	0	4	0	1	0	2	0	1	0	0
0	0	4	0	1	0	2	0	1	0	0
0	0	4	0	1	0	2	0	1	0	0
8	0	0	0	0	0	0	0	0	0	8
8	0	0	0	0	0	0	0	0	0	8
8	0	0	0	0	0	0	0	0	0	8
8	0	0	0	0	0	0	0	0	0	8
0	0	4	0	1	0	1	0	5	0	0
0	0	4	0	1	0	1	0	5	0	0
0	0	4	0	1	0	1	0	5	0	0
0	0	4	0	1	0	1	0	5	0	0
C	0	0	0	0	0	0	0	0	0	8
0	0	0	0	0	0	0	0	0	0	8
0	0	0	0	0	0	0	0	0	0	A
0	0	4	0	1	0	1	0	1	0	0
0	0	4	0	1	0	1	0	1	0	0
0	0	4	0	1	0	1	0	1	0	0
0	0	4	0	1	0	1	0	1	0	0
0	0	4	0	1	0	1	0	1	0	0
0	0	B	0	0	0	0	0	0	0	8
0	0	9	0	0	0	0	0	0	0	8
0	0	0	0	0	0	0	0	0	0	7
0	0	0	0	0	0	0	0	0	0	7
0	0	0	0	0	0	0	0	0	0	7
0	0	4	0	1	0	2	0	0	0	0
0	0	4	0	1	0	2	0	1	0	0
0	0	4	0	1	0	2	0	1	0	0
0	0	4	0	1	0	2	0	1	0	0
0	0	4	0	1	0	2	0	1	0	0
0	0	0	0	0	0	0	0	0	0	7

图 6.3　4000 条光谱数据

(2) 构造频繁加权概念格。根据用户选定的天体光谱数据表和最小阈值构造频繁加权概念格，用户可以点击权值编辑按钮来编辑所有单属性内涵的权值。图 6.4 所示为当最小阈值为 0.01 时由表 w4000ls 构造频繁加权概念格的运行结果，其中单属性内涵权值采用归一化后的信息熵。以编号为 280 的结点为例，图中显示了该结点的外延、内涵、祖先结点(编号)、子孙结点(编号)、内涵权值以及该结点的层数。

(3) 查看频繁加权概念格。显示用户选定的概念格文本文件。图 6.5 所示为在显示已保存的最小阈值为 0.01 时，由表 w4000ls 构造的频繁加权概念格的运行结果。

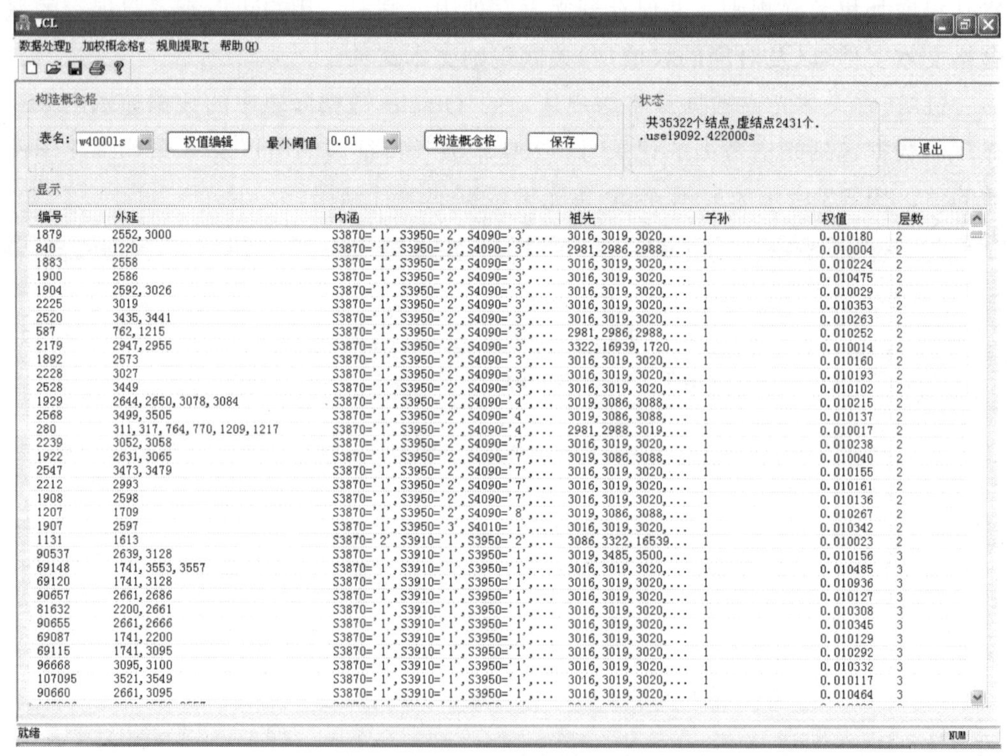

编号	外延	内涵	祖先	子孙	权值	层数
1879	2552, 3000	S3870='1', S3950='2', S4090='3', ...	3016, 3019, 3020, ...	1	0.010180	2
840	1220	S3870='1', S3950='2', S4090='3', ...	2981, 2986, 2988, ...	1	0.010004	2
1883	2558	S3870='1', S3950='2', S4090='3', ...	3016, 3019, 3020, ...	1	0.010224	2
1900	2586	S3870='1', S3950='2', S4090='3', ...	3016, 3019, 3020, ...	1	0.010475	2
1904	2592, 3026	S3870='1', S3950='2', S4090='3', ...	3016, 3019, 3020, ...	1	0.010029	2
2225	3019	S3870='1', S3950='2', S4090='3', ...	3016, 3019, 3020, ...	1	0.010353	2
2520	3435, 3441	S3870='1', S3950='2', S4090='3', ...	3016, 3019, 3020, ...	1	0.010263	2
587	762, 1215	S3870='1', S3950='2', S4090='3', ...	2981, 2986, 2988, ...	1	0.010252	2
2179	2947, 2955	S3870='1', S3950='2', S4090='3', ...	3322, 16939, 1720...	1	0.010014	2
1892	2573	S3870='1', S3950='2', S4090='3', ...	3016, 3019, 3020, ...	1	0.010160	2
2228	3027	S3870='1', S3950='2', S4090='3', ...	3016, 3019, 3020, ...	1	0.010193	2
2528	3449	S3870='1', S3950='2', S4090='3', ...	3016, 3019, 3020, ...	1	0.010102	2
1929	2644, 2650, 3078, 3084	S3870='1', S3950='2', S4090='4', ...	3019, 3086, 3088, ...	1	0.010215	2
2568	3499, 3505	S3870='1', S3950='2', S4090='4', ...	3019, 3086, 3088, ...	1	0.010137	2
280	311, 317, 764, 770, 1209, 1217	S3870='1', S3950='2', S4090='4', ...	2981, 2988, 3019, ...	1	0.010017	2
2239	3052, 3058	S3870='1', S3950='2', S4090='7', ...	3016, 3019, 3020, ...	1	0.010238	2
1922	2631, 3065	S3870='1', S3950='2', S4090='7', ...	3019, 3086, 3088, ...	1	0.010040	2
2547	3473, 3479	S3870='1', S3950='2', S4090='7', ...	3016, 3019, 3020, ...	1	0.010155	2
2212	2993	S3870='1', S3950='2', S4090='7', ...	3016, 3019, 3020, ...	1	0.010161	2
1908	2598	S3870='1', S3950='2', S4090='7', ...	3016, 3019, 3020, ...	1	0.010136	2
1207	1709	S3870='1', S3950='2', S4090='8', ...	3019, 3086, 3088, ...	1	0.010267	2
1907	2597	S3870='1', S3950='3', S4010='1', ...	3016, 3019, 3020, ...	1	0.010342	2
1131	1613	S3870='2', S3910='1', S3950='2', ...	3086, 3322, 16539...	1	0.010023	2
90537	2639, 3128	S3870='1', S3910='1', S3950='1', ...	3019, 3485, 3500, ...	1	0.010156	3
69148	1741, 3553, 3557	S3870='1', S3910='1', S3950='1', ...	3016, 3019, 3020, ...	1	0.010485	3
69120	1741, 3128	S3870='1', S3910='1', S3950='1', ...	3016, 3019, 3020, ...	1	0.010936	3
90657	2661, 2686	S3870='1', S3910='1', S3950='1', ...	3016, 3019, 3020, ...	1	0.010127	3
81632	2200, 2661	S3870='1', S3910='1', S3950='1', ...	3016, 3019, 3020, ...	1	0.010308	3
90655	2661, 2666	S3870='1', S3910='1', S3950='1', ...	3016, 3019, 3020, ...	1	0.010345	3
69087	1741, 2200	S3870='1', S3910='1', S3950='1', ...	3016, 3019, 3020, ...	1	0.010129	3
69115	1741, 3095	S3870='1', S3910='1', S3950='1', ...	3016, 3019, 3020, ...	1	0.010292	3
96668	3095, 3100	S3870='1', S3910='1', S3950='1', ...	3016, 3019, 3020, ...	1	0.010332	3
107095	3521, 3549	S3870='1', S3910='1', S3950='1', ...	3016, 3019, 3020, ...	1	0.010117	3
90660	2661, 3095	S3870='1', S3910='1', S3950='1', ...	3016, 3019, 3020, ...	1	0.010464	3

图 6.4　构造频繁加权概念格

(4) 权值编辑。用户可以修改和查看天体光谱表中所有属性以及对应的权值。系统自动生成时，采用归一化的单属性信息熵作为单属性内涵的权值，用户也可以自己设定权值。图 6.6 所示为表 w4000ls 中所有属性的权值，以及设定属性 S3950='2'权值的运行界面。

图 6.5　显示频繁加权概念格

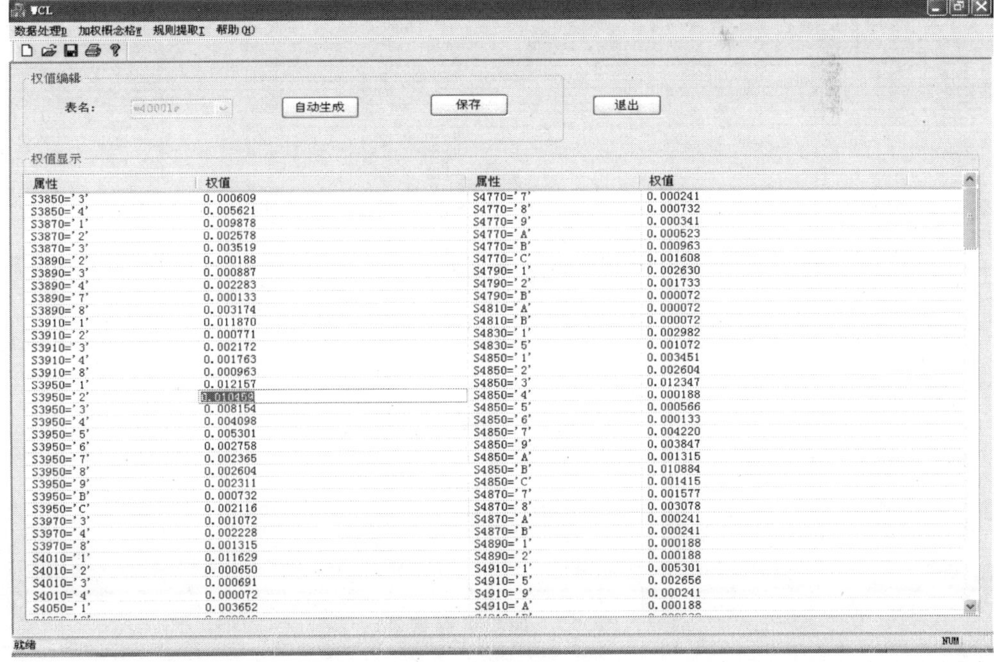

图 6.6　编辑权值

(5)加权关联规则提取。根据用户选取的概念格文件提取加权关联规则。图 6.7 所示为当加权支持度为 0.01%、加权置信度为 70%时，提取加权关联规则的运行结果。以规则(S3910='1', S4090='1', S5250='1', S5310='9'=>化学丰度='3', 其他='2', M/H='2', 微湍流='2', 光度='3')为例，该规则的含义为：如果在波长 3910Å 处有宽度为窄、强度为弱的峰；4090Å 处有宽度为窄、强度为弱的峰；5250Å 处有宽度为窄、强度为弱的峰；5310Å 处有宽度为特宽、强度为弱的峰，则此光谱的化学丰度为–0.5～–0.1，其他为≥1，M/H 为–0.31～0，微湍流≥1，光度为 1.1～2.6。并且该规则的加权支持度为 0.0159%，加权置信度为 87.5%。将该条规则与总结光谱数据经验得出的波长处特征和物理化学性质关系进行比较，发现它与 F 型星的特征基本类似，说明该条规则是有价值的。

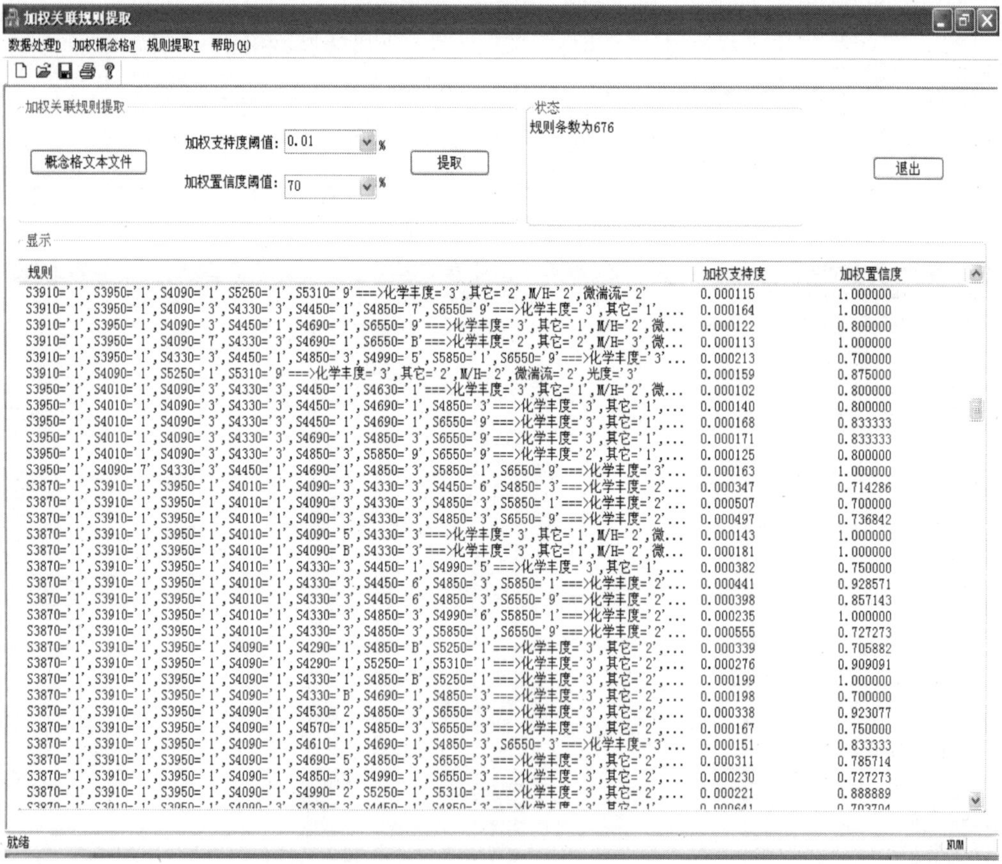

加权关联规则提取

数据处理D　加权概念格W　规则提取T　帮助(H)

加权关联规则提取

概念格文本文件

加权支持度阈值：0.01 %

加权置信度阈值：70 %

提取

状态

规则条数为676

退出

显示

规则	加权支持度	加权置信度
S3910='1',S3950='1',S4090='1',S5250='1',S5310='9'===>化学丰度='3',其它='2',M/H='2',微湍流='2'	0.000115	1.000000
S3910='1',S3950='1',S4090='3',S4330='3',S4450='1',S4850='7',S6550='9'===>化学丰度='3',其它='1',...	0.000164	1.000000
S3910='1',S3950='1',S4090='3',S4450='1',S4690='1',S6550='9'===>化学丰度='3',其它='1',M/H='2',微...	0.000122	0.800000
S3910='1',S3950='1',S4090='7',S4330='3',S4690='1',S6550='B'===>化学丰度='2',其它='2',M/H='3',微...	0.000113	1.000000
S3910='1',S3950='1',S4330='3',S4450='1',S4850='3',S4990='5',S5850='1',S6550='9'===>化学丰度='3'...	0.000213	0.700000
S3910='1',S4090='1',S5250='1',S5310='9'===>化学丰度='3',其它='2',M/H='2',微湍流='2',光度='3'	0.000159	0.875000
S3950='1',S4010='1',S4090='3',S4330='3',S4450='1',S4630='1'===>化学丰度='3',其它='1',M/H='2',微...	0.000102	0.800000
S3950='1',S4010='1',S4090='3',S4330='3',S4450='1',S4690='1',S4850='3'===>化学丰度='3',其它='1',...	0.000140	0.800000
S3950='1',S4010='1',S4090='3',S4330='3',S4450='1',S4690='1',S6550='9'===>化学丰度='3',其它='1',...	0.000168	0.833333
S3950='1',S4010='1',S4090='3',S4330='3',S4690='1',S4850='3',S6550='9'===>化学丰度='3',其它='1',...	0.000171	0.833333
S3950='1',S4010='1',S4090='3',S4330='3',S4850='3',S5850='9',S6550='9'===>化学丰度='2',其它='1',...	0.000125	0.800000
S3950='1',S4090='7',S4330='3',S4450='1',S4690='1',S4850='3',S5850='1',S6550='9'===>化学丰度='3'...	0.000163	1.000000
S3870='1',S3910='1',S3950='1',S4010='1',S4090='3',S4330='3',S4450='6',S4850='3'===>化学丰度='2'...	0.000347	0.714286
S3870='1',S3910='1',S3950='1',S4010='1',S4090='3',S4330='3',S4850='3',S5850='1'===>化学丰度='2'...	0.000507	0.700000
S3870='1',S3910='1',S3950='1',S4010='1',S4090='3',S4330='3',S4850='3',S6550='9'===>化学丰度='2'...	0.000497	0.736842
S3870='1',S3910='1',S3950='1',S4010='1',S4090='5',S4330='3'===>化学丰度='3',其它='1',M/H='2',微...	0.000143	1.000000
S3870='1',S3910='1',S3950='1',S4010='1',S4090='B',S4330='3'===>化学丰度='3',其它='1',M/H='2',微...	0.000181	1.000000
S3870='1',S3910='1',S3950='1',S4010='1',S4330='3',S4450='1',S4990='5'===>化学丰度='3',其它='1',...	0.000382	0.750000
S3870='1',S3910='1',S3950='1',S4010='1',S4330='3',S4450='6',S4850='3',S5850='1'===>化学丰度='2'...	0.000441	0.928571
S3870='1',S3910='1',S3950='1',S4010='1',S4330='3',S4450='6',S4850='3',S6550='9'===>化学丰度='2'...	0.000398	0.857143
S3870='1',S3910='1',S3950='1',S4010='1',S4330='3',S4850='3',S4990='6',S5850='1'===>化学丰度='2'...	0.000235	1.000000
S3870='1',S3910='1',S3950='1',S4010='1',S4330='3',S4850='3',S5850='1',S6550='9'===>化学丰度='2'...	0.000555	0.727273
S3870='1',S3910='1',S3950='1',S4090='1',S4290='1',S4850='B',S5250='1'===>化学丰度='3',其它='2',...	0.000339	0.705882
S3870='1',S3910='1',S3950='1',S4090='1',S4290='1',S5250='1',S5310='1'===>化学丰度='3',其它='2',...	0.000276	0.909091
S3870='1',S3910='1',S3950='1',S4090='1',S4330='1',S4850='B',S5250='1'===>化学丰度='3',其它='2',...	0.000199	1.000000
S3870='1',S3910='1',S3950='1',S4090='1',S4330='B',S4690='1',S4850='3'===>化学丰度='3',其它='2',...	0.000198	0.700000
S3870='1',S3910='1',S3950='1',S4090='1',S4530='2',S4850='3',S6550='3'===>化学丰度='3',其它='2',...	0.000338	0.923077
S3870='1',S3910='1',S3950='1',S4090='1',S4570='1',S4850='3',S6550='3'===>化学丰度='3',其它='2',...	0.000167	0.750000
S3870='1',S3910='1',S3950='1',S4090='1',S4610='1',S4690='1',S4850='3',S6550='3'===>化学丰度='3'...	0.000151	0.833333
S3870='1',S3910='1',S3950='1',S4090='1',S4690='5',S4850='3',S6550='3'===>化学丰度='3',其它='2',...	0.000311	0.785714
S3870='1',S3910='1',S3950='1',S4090='1',S4850='3',S4990='1',S6550='3'===>化学丰度='3',其它='2',...	0.000230	0.727273
S3870='1',S3910='1',S3950='1',S4090='1',S4990='2',S5250='1',S5310='1'===>化学丰度='3',其它='2',...	0.000221	0.888889
S3870='1',S3910='1',S3950='1',S4090='3',S4330='3',S4450='1',S4850='3'===>化学丰度='3',其它='1',...	0.000641	0.703704

就绪　NUM

图 6.7　加权关联规则

6.5 小　结

本章简要介绍了基于频繁加权概念格的加权关联规则挖掘方法，概述了基于频繁加权概念格的天体光谱关联知识挖掘原型系统的功能模块和体系结构，并对系统的关键技术进行了描述。并在前述章节的基础上，采用 Visual C++ 2005 和 Oracle 9i 作为开发工具，根据频繁加权概念格的批处理构造算法 BCAWCL，基于频繁加权概念格的加权关联规则提取算法 AWRFWCL，利用 STL 和 ADO 技术，开发了天体光谱加权关联规则挖掘原型系统。系统运行结果表明，所挖掘出的天体光谱加权关联规则是有价值的。

6.5 小结

参 考 文 献

[1] 李雄飞, 李军. 数据挖掘与知识发现. 北京: 高等教育出版社, 2003

[2] Han J, Micheline K, Pei J. Data Mining: Concepts and Techniques (Third Edition). Beijing: China Machine Press, 2012

[3] 王丽珍, 周立华, 陈红梅, 等. 数据仓库与数据挖掘原理及应用. 北京: 科学出版社, 2005

[4] 王欣欣. 频繁加权概念格及天体光谱关联知识挖掘系统[硕士学位论文]. 太原: 太原科技大学, 2009

[5] 高飞. 关联规则挖掘算法研究[博士学位论文]. 西安: 西安电子科技大学, 2001

[6] 张素兰. 基于概念格模型的数据挖掘方法研究[硕士学位论文]. 太原科技大学, 2004

[7] Fayyad U, Piatesky-Shapiro G, Smyth P. The KDD process for extracting useful knowledge from volumes of data. Communications of the ACM, 1996, 39(11): 27-34

[8] Agrawal R, Imielinski T, Swami A. Mining Association Rules between Sets of Items in Large Databases // Proceedings of ACM SIGMOD, ACM Press, 1993: 207-216

[9] Quinlan J R. Induction of decision trees. Machine Learning, 1986, 1(1): 81-106

[10] Pawlak Z. Rough sets. International Journal of Information and Computer Science, 1982, 11(5): 341-356

[11] Wille R. Restructuring lattice theory: an approach based on hierarchies of concepts // Rival I. Ordered Sets, Reidel, Dordrecht-Boston, 1982: 445-470

[12] Ji M, Han J, Danilevsky M. Ranking-based Classification of Heterogeneous Information Networks // Proceedings of Knowledge Discovery and Data Mining, ACM, 2011: 1298-1306

[13] Ganter B, Wille R. Formal Concept Analysis—Mathematical Foundations. Springer-Verlag, 1999

[14] Chen Y, Yao Y Y. A multiview approach for intelligent data analysis based on data operators. Information Sciences, 2008, 178: 1-20

[15] De Maio C, Fenza G, Loia V, et al. Hierarchical web resources retrieval by exploiting fuzzy

formal concept analysis. Information Processing & Management, 2012, 48(3): 399-418

[16] Kumar C A. Knowledge discovery in data using formal concept analysis and random projections. International Journal of Applied Mathematics and Computer Science, 2011, 21(4): 745-756

[17] Jhieh-Yu S, How-Ming S, Gwo-Hshiung T. An integration method combining rough set theory with formal concept analysis for personal investment portfolios. Knowledge-Based Systems, 2010, 23(6): 586-597

[18] Gély A, Medina R, Nourine L. Representing lattices using many-valued relations. Information Sciences, 2009, 179(16): 2729-2739

[19] Sartipi K, Safyallah H. Dynamic knowledge extraction from software systems using sequential pattern mining. International Journal of Software Engineering and Knowledge Engineering, 2010, 20(06): 761-782

[20] Cimiano P, Hotho A, Staab S. Learning concept hierarchies from text corpora using formal concept analysis. Journal of Artificial Intelligence Research, 2005, 24(1): 305-339

[21] Kourie D G, Obiedkov S, Watsona B W, et al. An incremental algorithm to construct a lattice of set intersections. Science of Computer Programming, 2009, 74(3): 128-142

[22] Baixeries J, Szathmary L, Valtchev P, et al. Yet a faster algorithm for building the hasse diagram of a concept lattice // Proceedings of Formal Concept Analysis, Germany, 2009: 162-177

[23] Van Bommel M F, Wang P. Encoding multiple inheritance hierarchies for lattice operations. Data & Knowledge Engineering, 2004, 50(2): 175-194

[24] 王欣欣，张继福，张素兰．一种频繁加权概念格的批处理构造算法．模式识别与人工智能, 2010, 23(5): 678-685

[25] Vimieiro R, Moscato P. Mining disjunctive minimal generators with titanic OR. Expert Systems with Applications, 2012, 39(9): 8228-8238

[26] 胡可云，陆玉昌，石纯一．概念格及其应用扩展．清华大学学报(自然科学版), 2000, 40(9): 77-81

[27] Dean van der Merwe, Obiedkov S, Kourie D. AddIntent: a new incremental algorithm for constructing concept lattices // Proceedings of Formal Concept Analysis. Springer Berlin Heidelberg, 2004: 372-385

[28] Godin R, Missaoue R, Alaui H. Increamental concept formation algorithms based on Galois (concept) lattice. Computational intelligence, 1995, 11 (2): 246-267

[29] Zhang S L, Zhang J F. A new concept lattice and incremental construction. Journal of Communication and Computer, 2005, 1: 1-3

[30] 张继福, 张素兰, 郑连. 加权概念格及其渐进式构造. 模式识别与人工智能, 2005, 18 (2): 171-176

[31] Zhang S L, Zhang J F, Hu L H, et al. The restricted concept lattice and its formation // Proceedings of International Conference on Machine Learning and Cybernetics, 2005: 846-851

[32] 张继福, 张素兰, 胡立华. 约束概念格及其构造方法. 智能系统学报, 2006, 2 (1): 31-38

[33] 刘宗田, 强宇, 周文, 等. 一种模糊概念格模型及渐进式构造算法. 计算机学报, 2007, 30 (2): 184-188

[34] Zhang J F, Hu L H, Zhang S L. A pruning based incremental construction algorithm of concept lattice. Lecture Notes in Artificial Intelligence, 4065, 2006: 191-201

[35] Hu L H, Zhang J F, Zhang S L. A pruning based incremental construction of horizontal partitioned concept lattice // Proceedings of Computational Intelligence, Springer, 2006: 936-945

[36] 马洋, 张继福, 张素兰. 基于剪枝的约束概念格的渐进式构造算法. 计算机应用, 2009, 29 (5): 1397-1400

[37] 蒋义勇, 张继福, 张素兰. 基于链表结构的概念格渐进式构造. 计算机工程与应用, 2007, 43 (11): 178-180

[38] 杜秋香, 张继福, 张素兰. 概念特化的概念格更新构造算法. 智能系统学报, 2008, 3 (5): 443-448

[39] Bordat J P. Calcul pratique du treillis de Galois d'une correspondance. Mathématiques et Sciences Humaines, 1986, 96: 31-47

[40] Zhang S L, Guo P, Zhang J F, et al. A batch constructing method of weighted concept lattice based on deviance analysis // Proceedings of Computational Intelligence and Security, IEEE, 2009: 69-73

[41] Troy A D, Zhang G Q, Tian Y. Faster concept analysis // Proceedings of Conceptual

Structures: Knowledge Architectures for Smart Applications, Springer, 2007: 206-219

[42] Choi V. Faster Algorithms for constructing a concept (Galois) lattice // Proceedings of Discrete Mathematics, University of Victoria, Canada, 2006: 169-186

[43] Nourine L, Raynaud O. A fast algorithm for building lattices. Information Processing Letters, 1999, 71(5-6): 199-204

[44] Kuznetsov S O, Obedkov S A. Comparing performance of algorithms for generating concept lattices. Journal of Experimental and Theoretical Artificial Intelligence, 2002, 14(23): 189-216

[45] Zaki M J, Hsiao C J. Efficient algorithms for mining closed itemsets and their lattice structure. IEEE Trans Knowledge and Data Engineering, 2005, 17(4): 462-478

[46] 张继福, 蒋义勇, 胡立华, 等. 基于概念格的天体光谱离群数据识别方法. 自动化学报, 2008, 34(9): 1060-1066

[47] Zhang J F, Jiang Y Y, Chang K H, et al. A concept lattice based outlier mining method in low-dimensional subspaces. Pattern Recognition Letters, 2009, 30(15): 1434-1439

[48] 强宇, 刘宗田, 林炜, 等. 模糊概念格在知识发现的应用及一种构造算法. 电子学报, 2005, 33(2): 350-353

[49] 王德兴, 胡学钢, 王浩. 基于量化概念格的关联规则挖掘. 合肥工业大学学报(自然科学版), 2002, 25(5): 678-682

[50] Sartipi K, Safyallah H. Dynamic knowledge extraction from software systems using sequential pattern mining. International Journal of Software Engineering and Knowledge Engineering, 2010, 20(06): 761-782

[51] Molloy I, Chen H, Li T, et al. Mining roles with multiple objectives. ACM Transactions on Information and System Security, 2010, 13(4): 36

[52] 张继福, 张素兰, 蒋义勇. 基于约束概念格的天体光谱局部离群数据挖掘系统. 光谱学与光谱分析, 2009, 29(2): 551-555

[53] 王志海, 胡可云, 胡学钢, 等. 概念格上提取规则的一般算法和渐进式算法. 计算机学报, 1999, 22(1): 66-70

[54] Valtchev P, Missaoui R, Godin R. A framework for incremental generation of closed itemsets. Discrete Applied Mathematics, 2008, 156(6): 924-949

[55] 李云, 李拓, 蔡俊杰, 等. 基于概念格提取简洁关联规则. 南京邮电大学学报, 2007, 27(3): 44-47

[56] 梁吉业, 王俊红. 基于概念格的规则产生集挖掘算法. 计算机研究与发展, 2004, 41(8): 1339-1344

[57] Jiang Y Y, Zhang J F, Cai J H, et al. The outliers mining algorithm based on constrained concept lattice // Proceedings of Data, Privacy, and E-Commerce, IEEE, 2007: 80-85

[58] 谢志鹏, 刘宗田. 概念格与关联规则发现. 计算机研究与发展, 2000, 37(12): 1415-1421

[59] Zhang S L, Zhang J F. A new classification mining model based on the data warehouse // Proceedings of Machine Learning and Cybernetics, 2003: 168-171

[60] 房鹏杰, 张素兰, 张继福. 基于概念格和条件信息熵的分类规则获取方法. 计算机工程与应用, 2010, 46(14): 148-151, 186

[61] 王黎明, 张卓. 基于iceberg概念格并置集成的闭频繁项集挖掘算法. 计算机研究与发展, 2007, 44(7): 1184-1190

[62] 金阳, 左万利. 多维概念格与多维序列模式的增量挖掘. 计算机研究与发展, 2007, 44(11): 1816-1824

[63] Marichal J. Weighted lattice polynomials. Discrete Mathematics, 2009, 309(4): 814-820

[64] 王德兴, 胡学钢, 刘晓平, 等. 基于扩展概念格的属性归纳算法. 上海交通大学学报, 2009, 43(3): 476-484

[65] Wei L, Qi J J. Relation between concept lattice reduction and rough set reduction. Knowledge-Based Systems, 2010, 23(8): 934-938

[66] Wu W Z, Leung Y, Mi J S. Granular computing and knowledge reduction in formal contexts. IEEE Trans. on Knowledge and Data Engineering, 2009, 21(10): 1461-1474

[67] 梁吉业. 基于粗糙集与概念格的智能数据分析方法研究[博士学位论文]. 中国科学院研究生院(计算技术研究所), 2004

[68] Estajia A A, Hooshmandasl M R, Dawaz B. Rough set theory applied to lattice theory. Information Sciences, 2012, 200: 108-122

[69] Wang L D, Liu X D. Concept analysis via rough set and AFS algebra. Information Sciences, 2008, 178(21): 4125-4137

[70] Dubois D, Prade H. Possibility theory and formal concept analysis: characterizing

independent sub-contexts. Fuzzy Sets and Systems, 2012, 196: 4-16

[71] Aswani Kumar C, Srinivas S. Concept lattice reduction using fuzzy K-means clustering. Expert Systems with Applications, 2010, 37(3): 2696-2704

[72] Gerd S, Rafik T, Yves B. Computing iceberg concept lattices with titanic. Data & Knowledge Engineering, 2002, 42(2): 189-222

[73] Pan X, Xu Y. Lattice implication ordered semigroups. Information Sciences, 2008, 178(2): 403-413

[74] Wang X, Zhang W X. Relations of attribute reduction between object and property oriented concept lattices. Knowledge-Based Systems, 2008, 21(5): 398-403

[75] Zhang J F, Jiang Y Y, Zhang S L. Algebra system of constrained concept lattice and its completeness of knowledge representation // Proceedings of Fuzzy Systems and Knowledge Discovery, TianJin, 2009: 168-172

[76] 张继福, 张素兰, 蒋义勇. 约束概念格的代数性质及其知识表示的完备性. 模式识别与人工智能, 2010, 23(3): 289-299

[77] 张文修, 魏玲, 祁建军. 概念格的属性约简理论与方法. 中国科学E辑, 2005, 35(6): 628-639

[78] 曲开社, 翟岩慧. 偏序集. 包含度与形式概念分析. 计算机学报, 2006, 29(2): 219-226

[79] Ganter B, Wille R, Franzke C. Formal Concept Analysis: Mathematical Foundations. New York: Springer-Verlag, 1997

[80] Zhang W X, Ma J M, Fan S Q. Variable threshold concept lattices. Information Sciences, 2007, 177(22): 4883-4892

[81] Kwon O, Kim J. Concept lattices for visualizing and generating user profiles for context-aware service recommendations. Expert Systems with Applications, 2009, 36(2): 1893-1902

[82] 齐红, 刘大有, 刘亚波. 基于概念格的用户关联挖掘. 计算机科学, 2004, 31(z2): 158-161

[83] 张素兰, 郭平, 张继福. 基于信息熵和偏差的加权概念格内涵权值获取. 北京理工大学学报(自然科学版), 2011, 51(1): 59-63

[84] Cover T, Thomas J. Elements of Information Theory. Wiley-Interscience, 2006

[85] Pol R. Dipe-R: a knowledge representation language. Data & Knowledge Engineering, 2003, 45(3): 257-290

[86] Zhang S L, Guo P, Zhang J F, et al. A completeness analysis of frequent weighted concept lattices and their algebraic properties. Data & Knowledge Engineering, 2012, 81-82: 104-117

[87] http: // www.ics.uci.edu/~mlearn/MLRepository.html

[88] 张素兰，郭平，张继福，等. 图像语义自动标注及其粒度分析方法. 自动化学报，2012, 38(5): 688-697

[89] Nowak E, Jurie F, Triggs B. Sampling strategies for bag-of-features image classification // Proceedings of Computer Vision, Springer, 2006: 490-503

[90] Fei-Fei L, Perona P. A Bayesian hierarchical model for learning natural scene categories // Proceedings of Computer Vision and Pattern Recognition, IEEE, 2005: 524-531

[91] Wu L, Hoi S C H, Yu N H. Semantics-preserving bag-of-words models and applications. IEEE Trans on Image Processing, 2010, 19(7): 1908-1920

[92] Li J, Wu W, Wang T, et al. One step beyond histograms: Image representation using markov stationary features // Proceedings of Computer Vision and Pattern Recognition, IEEE, 2008: 1-8

[93] De Campos T, Csurka G, Perronnin F. Images as sets of locally weighted features. Computer Vision and Image Understanding, 2012, 116(1): 68-85

[94] Li L J, Fei-Fei L. Optimol: automatic online picture collection via incremental model learning. International journal of computer vision, 2010, 88(2): 147-168

[95] Fu Z Y, Lu H T, Li W B. Incremental visual objects clustering with the growing vocabulary tree. Multimedia Tools and Applications, 2012, 56(3): 535-552

[96] Gosselin P H, Precioso F, Philipp-Foliguet S. Incremental kernel learning for active image retrieval without global dictionaries. Pattern Recognition, 2011, 44(10): 2244-2254

[97] Uijlings J R R, Smeulders A W M, Scha R J H. The visual extent of an object. International Journal of Computer Vision, 2012, 96(1): 46-63

[98] Shi M, Xu R, Tao D, et al. W-Tree indexing for fast visual word generation. IEEE Transactions on Image Processing, 2013, 22(3): 1209-1222

[99] Lazebnik S, Schmid C, Ponce J. Beyond bags of features: spatial pyramid matching for

recognizing natural scene categories // Proceedings of Computer Vision and Pattern Recognition, IEEE, 2006: 2169-2178

[100] Bosch A, Zisserman A, Munoz X. Scene classification via plsa // Proceedings of European Conference on Computer Vision, Graz, Austria, 2006, 4: 517-530

[101] Liu J, Shah M. Scene modeling using co-clustering // Proceedings of Computer Vsion, IEEE, 2007: 1-7

[102] Gu G, Zhao Y, Zhu Z F. Integrated image representation based natural scene classification. Expert Systems with Applications, 2011, 38(9): 11273-11279

[103] Liu L, Fieguth P, Clausi D, et al. Sorted random projections for robust rotation-invariant texture classification. Pattern Recognition, 2012, 45(6): 2405-2418

[104] Quelhas P, Monay F, Odobez J M, et al. A thousand words in a scene. IEEE Transactions on Pattern Analysis and Machine Intelligence, 2007, 29(9): 1575-1589

[105] 江悦，王润生，王程. 采用上下文金字塔特征的场景分类. 计算机辅助设计与图形学学报, 2010, 22(8): 1366-1373

[106] Hofmann T. Unsupervised learning by probabilistic latent semantic analysis. Machine Learning, 2001, 42(1-2): 177-196

[107] Blei D M, Ng A Y, Jordan M I. Latent Dirichlet allocation. Journal of Machine Research, 2003, 3: 993-1022

[108] 高隽，谢昭. 图像理解理论与方法. 北京：科学出版社, 2009

[109] Guo P, Jia Y D, Lyu M R. A study of regularized Gaussian classifier in high-dimension small sample set case based on MDL principle with application to spectrum recognition. Pattern Recognition, 2008, 41(9): 2842-2854

[110] 王永庆. 人工智能原理与方法. 西安：西安交通大学出版社, 1998

[111] Yavlinsky A, Sehofield E, Ruger S. Automated image annotation using global features and robust nonparametric density estimation // Proceedings of Image and Video Retrieval, Springer Berlin Heidelberg, 2005: 507-517

[112] Feng S L, Manmatha R, Lavrenko V. Multiple Bernoulli relevance models for image and video annotation // Proceedings of Computer Vision and Pattern Recognition. Washington, USA, 2004: 1002-1009

[113] Bi J, Chen Y, Wang J Z. A sparse support vector machine approach to region-based image categorization // Proceedings of Computer Vision and Pattern Recognition. San Diego, California, 2005: 1121-1128

[114] Zhang Q, Goldman S A, Yu W, et al. Content-based image retrieval using multiple-instance learning // Proceedings of Machine Learning. San Fransisco, Morgan Kaufinann, 2002: 682-689

[115] 王梅. 基于多标签学习的图像语义自动标注研究[博士学位论文]. 上海: 复旦大学, 2008

[116] Lowe D G. Object Recognition from local scale-invariant features // Proceedings of Computer Vision, IEEE, 1999: 1150-1157

[117] Lowe D G. Distinctive image features from scale invariant keypoints. International Journal on Computer Vision, 2004, 60(2): 91-110

[118] Swain M J, Ballard D H. Color indexing. Internation Journal of Computer Vision, 1991, 7(1): 11-32

[119] Bosch A, Zisserman A, Munoz X. Scene classification using a hybrid generative/discriminative approach. IEEE Transactions on Pattern Analysis Pattern Analysis and Machine Intellience, 2008, 30(4): 712-727

[120] Zhou L, Zhou Z, Hu D. Scene classification using a multi-resolution bag-of-features model. Pattern Recognition, 2013, 46(1): 424-433

[121] Perronnin F. Universal and adapted vocabularies for generic visual categorization. IEEE Transactions on Pattern Analysis and Machine Intelligence, 2008, 30(7): 1243-1256

[122] 刘硕研, 须德, 冯松鹤, 等. 一种基于上下文语义信息的图像块视觉单词生成算法. 电子学报, 2010, 38(5): 1156-1161

[123] Jin Y, Khan L, Prabhakaran B. Knowledge based image annotation refinement. Journal of Signal Processing Systems, 2010, 58(3): 387-406

[124] 卢汉清, 刘静. 基于图学习的自动图像标注. 计算机学报, 2008, 31(9): 1629-1639

[125] Lu Z W, Ip H H S. Combining context, consistency, and diversity cues for interactive image categorization. IEEE Transactions on Multimedia, 2010, 12(3): 194-203

[126] Duygulu P, Barnard K, Freitas N, et al. Object recognition as machine translation: learning a lexicon for a fixed image vocabulary // Proceedings of European Conference on Computer

Vision, Springer Berlin Heidelberg, 2002: 97-112

[127] Fan W, Bouguila N. Variational learning of a Dirichlet process of generalized Dirichlet distributions for simultaneous clustering and feature selection. Pattern Recognition, 2013, 46(10): 2754-2769

[128] Jeon J, Lavrenko V, Manmatha R. Automatic image annotation and retrieval using cross- media relevance models // Proceedings of Research and Development in Information Retrieval, 2003

[129] Fan J P, Gao Y L, Luo H Z, et al. Statistical modeling and conceptualization of natural image. Pattern Recognition, 2005, 38(6): 865-885

[130] 孔晓斌, 曹棣, 张素兰. 一种基于高斯分布的 SVM 核参数选择方法. 中北大学学报, 2008, 29(4): 343-346

[131] Li J, Wang J Z. Automatic linguistic indexing of pictures by a statistical modeling approach. IEEE Transactions on Pattern Analysis and Machine Intelligence, 2003, 25(9): 1075-1088

[132] Dong A, Bhanu B. Active concept learning for image retrieval in dynamic databases // Proceedings of Computer Vision, IEEE, 2003: 90-95

[133] 李志欣, 施智平, 李志清, 等. 图像检索中语义映射方法综述. 计算机辅助设计与图形学学报, 2008, 20(8): 1085-1096

[134] Wang L. Automatic image annotation and retrieval using subspace clustering algorithm // Proceedings of Multimedia Databases. Washington, USA, 2004: 100-108

[135] Li W, Sun M S. Automatic image annotation based on word-net and hierarchical ensembles // Proceedings of Computational Linguistics and Intelligent Text Processing, Mexico City, Mexico, 2006: 417-428

[136] 张敏灵. 多示例与多标记学习的研究[博士学位论文]. 南京: 南京大学, 2007

[137] Wu Y, Tian Q, Huang T S. Discriminant-EM algorithm with application to image retrieval // Proceedings of Computer Vision and Pattern Recognition, IEEE, 2000: 1222-1227

[138] Wang X J, Zhang L, Li X R, et al. Annotating images by mining image search results. IEEE Transactions on Pattern Analysis and Machine Intelligence, 2008, 30(11): 1919-1932

[139] Chen Y, Wang J Z. Image categorization by learning and reasoning with regions. Journal of Machine Learning Research, 2004, 5: 913-939

[140] Yang C B, Dong M. Region-based image annotation using asymmetrical support vector

machine-based multiple-instance learning // Proceedings of Computer Vision and Pattern Recognition, IEEE, 2006: 2057-2063

[141] Carneiro G, Chan A B, Moreno P J, et al. Supervised learning of semantic classes for image annotation and retrieval. IEEE Transactions on Pattern Analysis and Machine Intelligence, 2007, 29(3): 394-410

[142] Zadeh L. A. Fuzzy logic=computing with words. IEEE Transactions on Fuzzy systems, 1996, 4(2): 103-111

[143] Pawlak Z. Rough Sets: Theoretical Aspects of Reasoning about Data. Dordrecht, Netherlands: KluwerAcademic Publishers, 1991

[144] 张铃, 张钹. 模糊商空间理论. 软件学报, 2003, 14(4): 770-776

[145] 修保新, 吴孟达. 图像模糊信息粒的适应性度量及其在边缘检测中的应用. 电子学报, 2004, 32(2): 274-277

[146] Małyszko D, Stepaniuk J. Adaptive multilevel rough entropy evolutionary thresholding. Information Sciences, 2010, 180(7): 1138-1158

[147] 刘仁金, 黄贤武. 图像分割的商空间粒度原理. 计算机学报, 2005, 28(10): 1680-1685

[148] Pal S K, Shankar B U, Mitra P. Granular computing, rough entropy and object extraction. Pattern Recognition Letters, 2005, 26(16): 2509-2517

[149] Maragos P. Lattice image processing: a unification of morphological and fuzzy algebraic systems. Journal of Mathematical Imaging and Vision, 2005, 22(2-3): 333-353

[150] Braga-Neto U M, Goutsias J. A complete lattice approach to connectivity in image analysis. The Johns Hopkins Univ, Baltimore, MD, Tech. Rep ECE 00-05, 2000

[151] Pedrycz W, Bargiela A. Granular clustering: a granular signature of data. IEEE Transactions on System, Man, and Cybernetics-Part B: Cybernetic, 2002, 32(2): 212-224

[152] Pedrycz W, Loia V, Senatore S. Fuzzy clustering with viewpoints. IEEE Transactions on Fuzzy Systems, 2010, 18(2): 274-284

[153] Hildebrand L, Fathi M. Knowledge-based fuzzy color processing. IEEE Transactions on Systems, Man, and Cybernetics, Part C: Applications and Reviews, 2004, 34(4): 499-505

[154] Hirota K, Pedrycz W. Fuzzy relational compression. IEEE Transactions on Syst, Man, Cybem, 1999, 29(3): 407-415

[155] Zheng Z, Hu H, Shi Z Z. Granulation based image texture recognition // Proceedings of Rough Sets and Current Trends in Computing, Springer Berlin Heidelberg, 2004: 659 - 664

[156] 李清勇，胡宏，施智平，等. 基于纹理语义特征的图像检索研究. 计算机学报，2006, 29(1): 116-122

[157] 王惠峰. 语义图像检索研究进展. 计算机研究与发展, 2002, 39(5): 513-523

[158] 陈世亮，李战怀，袁柳. 一种基于多层语义相似性度量的图像检索方法. 西北工业大学学报, 2008, 26(5): 588-591

[159] 张向荣，谭山，焦李成. 基于商空间粒度计算的 SAR 图像分类. 计算机学报, 2007, 30(3): 483-490

[160] 许相莉，张利彪，于哲舟，等. 多粒度颜色特征在图像检索中的应用. 应用科学学报, 2009, 27(1): 56-61

[161] 许宏丽，须德林，恩爱. 一种基于子空间聚类的图像分层索引方法. 中国图象图形学报, 2009, 14(1): 142-147

[162] MacQueen J. Some methods for classification and analysis of multivariate observations // Proceedings of the Fifth Berkeley Symposium on Mathematical Statistics and Probability, 1967, 1(2): 281-297

[163] 褚萌. 概念格属性约简算法与场景语义标注[硕士学位论文]. 太原：太原科技大学, 2012

[164] 张素兰. 概念格的拓展模型理论与图像语义自动标注方法研究[博士学位论文]. 北京：北京理工大学, 2012

[165] Oliva A, Torralba A. Modeling the shape of the scene: A holistic representation of the spatial envelope. International Journal of Computer Vision, 2001, 42(3): 145-175

[166] 罗阿理. LAMOST 光谱自动处理的模式识别方法[博士学位论文]. 北京：中国科学院国家天文台, 2001

[167] 邱波. 天体光谱数据自动处理和算法研究[博士学位论文]. 北京：中国科学院自动化研究所, 2002

[168] 覃冬梅. 天体光谱信号的自动识别方法研究[博士学位论文]. 北京：中国科学院自动化研究所, 2003

[169] 张彦霞. 多波段天体物理中的自动分类方法研究[博士学位论文]. 北京：中国科学院国家天文台, 2003

[170] Zhang J F, Zhang X J, Zhang S L. Interrelation analysis of celestial spectra data using constrained frequent pattern trees. Knowledge-Based Systems, 2013, 41(1): 77-88

[171] Zhang J F, Li Y H, Zhang S L. Attribute reduction based on background knowledge and its application in classification of astronomical spectra data. High Technology Letters, 2007, 13(4): 422-427

[172] Ho T B. An approach to concept formation based on formal concept analysis. IEICE Transactions on Information and Systems, E78-D(5): 553-559

[173] Ganter B. Two basic algorithms in concept analysis. Technische Hochschule, 1984